Anne Katherine

LÍMITES
*Donde tú terminas,
yo empiezo*

EDICIONES OBELISCO

Si este libro le ha interesado y desea que le mantengamos informado de nuestras publicaciones, escríbanos indicándonos qué temas son de su interés (Astrología, Autoayuda, Ciencias Ocultas, Artes Marciales, Naturismo, Espiritualidad, Tradición) y gustosamente le complaceremos.

Puede consultar nuestro catálogo en www.edicionesobelisco.com

Colección Nueva Conciencia
Límites
Anne Katherine

1.ª edición: marzo de 2005

Título original: *Boundaries*

Traducción: *Ana Pérez*
Maquetación: *Olga Llop*
Diseño cubierta: *Enrique Iborra*

© 1991 by Parkside Publishing Corporation
(Reservados todos los derechos)
Publicado por acuerdo con el editor original, Simon & Schuster, Inc.
© 2005 by Ediciones Obelisco, S.L.
(Reservados todos los derechos para la presente edición)

Edita: Ediciones Obelisco, S.L.
Pere IV, 78 (Edif. Pedro IV) 3.ª planta 5.ª puerta
08005 Barcelona - España
Tel. (93) 309 85 25 – Fax (93) 309 85 23
E-mail: obelisco@edicionesobelisco.com

ISBN: 84-9777-176-1
Depósito Legal: B-4.829-2005

Printed in Spain

Impreso en España en los talleres gráficos de Romanyà/Valls, S.A.
Verdaguer, 1 – 08076 Capellades (Barcelona)

Ninguna parte de esta publicación, incluso el diseño de la cubierta, puede ser reproducida, almacenada, transmitida o utilizada en manera alguna por ningún medio, ya sea electrónico, químico, mecánico, óptico, de grabación o electrográfico, sin el previo consentimiento por escrito del editor.

A Sherry Stockheim Asher
Karen Riggs Selby (Dusty), mi más vieja amiga (1961)
Frances West, mi amada hermana
Cody Sontag (JoEllen Wahto), que me enseñó
lo que es ser un gran terapeuta

Un homenaje

Se ha producido un cambio en la amistad con aquellos que han estado conmigo en los buenos
y en los malos tiempos, en los dolores y en las luchas, en las celebraciones. Noto un ahondamiento, una calma, una riqueza de conexión, una creencia
en nuestro vínculo, una confianza.
Todos han sido honestos, han perdonado mis errores
y han estado dispuestos a trabajar superando los malentendidos desde el día en que entré en contacto con cada uno de ellos hasta hoy.

Mary Lou Hafele (Lu) (1964)
Judith (Judy) Ann Burns (Jabber) (1966)
Cassandra Ann (Cassie) Major (1967)
Sandy Reno (1982)
Barbara Kimbrough Blackburn (1986)
Jill Salisbury (1987)

Todos habéis enriquecido mi vida. Gracias.

Finalmente, quiero dar las gracias a dos grandes editores: Terrence Spohn, que me dio una oportunidad, y Madeleine Avirov quien, con un ligero toque, respetó mi método y alimentó mi creatividad.

«Los buenos vallados hacen buenos vecinos»
Robert FROST

Capítulo 1

El Muro Entremedias

La historia de Laura

Nací un mes antes de tiempo. En aquellos años a los bebés prematuros los ponían en una incubadora y los dejaban solos. Con la ayuda de lo que he aprendido tras años de terapia, puedo regresar imaginariamente a aquellos primeros días. Lo primero que veo parece un túnel con un techo transparente. Miro hacia arriba, a través de la incubadora. Una intensa luz brilla todo el tiempo. Las paredes de más allá son lisas y blancas. Me siento desconectada de todo el mundo y no sé a quién pertenezco. Sólo me tocan para limpiarme.

Hace poco le pregunté a mi madre cuánto solía cogerme en brazos aquellas semanas que permanecimos en el hospital tras mi nacimiento.

–¡Vaya; te cogía todo el tiempo! –me respondió.

–¿Cuánto? –insistí. Todo el tiempo no era lo que yo recordaba.

–Anda, siempre que me dejaban.

–¿Y con qué frecuencia era eso? –persistí.

–Te cogía cada vez que te traían a mí para darte de comer –contestó–. Veinte minutos tres veces al día.

Es decir, una hora al día durante mis tres primeras semanas de vida. Mi *yo* bebé sabía que eso no era suficiente.

Esa privación de contacto físico continuó. Cuando yo tenía seis meses, mi padre abandonó a mi madre, así que ella me dejó con mis abuelos y también se fue. Mis abuelos no eran las personas más efusivas del mundo. Puede que les viera besarse una vez como mucho en todos los años que viví con ellos. A mí nunca me tocaron.

Cuando yo tenía diez años, mi madre volvió a casarse y decidió que quería volver a tenerme con ella. La segunda noche de estar en su casa (mi madre trabajaba por las noches), mi padrastro entró en mi habitación y se metió en la cama conmigo.

Después de que nunca me hubiesen tocado o abrazado, sentía unas manos sobre mi cuerpo. Su tacto me dio náuseas. Algo me decía que aquello no estaba bien, pero nunca había tenido una muestra de que mis sentimientos importaran o de que tuviera la opción de elegir nada. Así que me aguanté.

Recuerdo la primera vez que me tocó un chico. Yo tenía trece años y él dieciséis. Estábamos en un baile de adolescentes y lo único en lo que yo pensaba era en que por fin tenía novio. Bailó conmigo y me abrazó durante toda la noche. ¿Estaba radiante? ¿Estaba emocionada? No, estaba aterrada. El único tipo de contacto físico que alguna vez había conocido me había dado asco.

Aquél era un chico agradable, que se comportaba de una manera perfectamente correcta y respetuosa pero, cuando me pasó el brazo por los hombros, me dieron ganas de vomitar. Mi corazón latía tan fuerte por el miedo que podía oír la cadencia de sus latidos en mis oídos. Lejos de disfrutar de mi primera experiencia sana con un chico, mi corazón siguió latiendo de aquella manera hasta bien entrada la noche, horas después de haber llegado a casa y estar sola. Evité sus llamadas. No quería verlo más.

La historia de Beth

Mi madre tenía más de cuarenta años cuando yo nací. Mi padre era militar. Mandaba en casa y en todo lo que había en ella, especialmente en mí. Desde preescolar en adelante tuvo largas y serias charlas con cada uno de mis profesores. Vigilaba lo que comía, controlaba mis juegos y, cuando me hice mayor, interrogaba a mis amigos. Era él quien me enseñaba la forma pulcra de vestir, la forma correcta de sentarme y de estar de pie, y el significado del deber, la obediencia y la lealtad.

Sin embargo, cuando me vino la regla, fue un golpe para ambos. Hasta entonces, yo había sido perfecta, todo un as, siguiendo un correcto comportamiento militar. Yo era el hijo que nunca había tenido. Pero convertirme en mujer rompió mi perfección. No hacía falta que él me lo dijera, yo sabía que, en gran manera, le había fallado. Así que dejé de comer. Finalmente dejé de parecer una mujer y la regla dejó de venirme. Mi madre estaba preocupada, pero mi padre no. Y, dado que la opinión de ella no tenía gran peso en nuestra casa, no ocurrió nada. Sin embargo, llegó un momento en el que yo estaba tan delgada y me costaba tanto concentrarme que mi madre insistió en que viera a un médico. El doctor me ingresó en el hospital inmediatamente.

Mi padre no quería que estuviera alejada de él, pero mis terapeutas dijeron que estaba anoréxica y que necesitaba tratamiento. Me obligaron a comer. Cuando los de mi grupo de terapia me disgustaron, llamé a mi padre y él me dijo que no les hiciera caso. Llamó a mi terapeuta y discutió con ella; él decía que no me pasaba nada. Cuanto más hablaba con él, más me convencía a mí misma de que era ridículo estar en el hospital. Aquella gente no sabía de qué estaban hablando. Yo estaba perfectamente bien. Además, lo echaba de menos. Me necesitaba. Al final, mi padre vino a buscarme. Ni siquiera le importaba que el seguro ya no pagara los gastos por haberme marchado desoyendo el consejo médico. Tanto era lo que me quería a su lado.

LÍMITES, ¿QUÉ SON?

Los terapeutas y las personas en tratamiento manejan esa palabra con facilidad. Pero, ¿qué quieren decir? ¿Por qué hemos contado estas historias? ¿Dicen algo acerca de los límites? Tal vez todavía no, pero lo harán.

En este capítulo veremos la foto panorámica, los límites a vista de pájaro. Más adelante nos centraremos en los detalles. Pasaremos a analizar aspectos específicos de los límites para que puedas conocer tanto el bosque como los árboles.

Los capítulos están salpicados de ejercicios. Disfrútalos. La mayoría son breves. Algunos requieren la participación de otras personas. Todos ellos abren a tu cuerpo y a tu corazón las puertas de lo que estás captando con tu mente, de lo que estás aprendiendo sobre los límites.

Una ameba no es un tulipán

De modo que ¿qué es un límite? Un límite es la frontera o la linde que te distingue como algo independiente de los demás. Un límite es una frontera que promueve la integridad.

Tu piel es un límite. Todo lo que hay desde tu piel hacia dentro es tu yo físico.

Cada organismo vivo está separado de los demás organismos vivos por una barrera física. Las amebas, los naranjos, las ranas, los leopardos, las bacterias, los tulipanes, las tortugas, los salmones... todos tienen límites físicos que los delinean como entes únicos con respecto a otros organismos. Este límite puede sufrir una fisura a causa de una herida o de la acción de otros organismos. Si la brecha es grave o si los organismos invasores son tóxicos u hostiles, el organismo anfitrión puede llegar a morir. Tener una frontera física intacta preserva la vida.

Incluso los componentes físicos del interior de un organismo tienen límites. Los nervios están recubiertos por una funda o membrana. Los huesos están diferenciados de los músculos. El mundo físico rebosa límites. Si no fuera así, cuando nos sentásemos, atravesaríamos la silla (y la silla a nosotros) y acabaríamos despatarrados en el suelo. Salvo que, entonces, también atravesaríamos el suelo. ¿Y después qué?... ¿La Tierra? ¿Dónde pararíamos?

Estamos rodeados por un círculo invisible

Nuestra piel marca el límite de nuestra persona física, pero tenemos otra frontera que se extiende más allá de nuestra piel. Podemos percibirla cuando alguien se acerca demasiado a nosotros. Es como si estuviéramos rodeados por un círculo invisible, una zona de confort. Y esa zona es fluida. Por ejemplo, un amante puede acercarse más que la mayoría de amigos, pero un amigo puede acercarse más que un extraño. Con alguien que nos resulte hostil puede que necesitemos mantener una gran distancia.

También tenemos otro tipo de límites: emocionales, espirituales, sexuales y relacionales. Tenemos un límite que acota lo que es seguro y apropiado. Tenemos un límite que nos separa de los demás. Dentro de él está nuestro *yo auténtico*, que es eso que nos hace individuos diferentes e independientes de los demás.

¿Qué es un límite emocional? Poseemos un conjunto de sentimientos y reacciones que son claramente nuestros. Respondemos al mundo basándonos únicamente en nuestras percepciones individuales, en nuestras historias especiales, en nuestros valores, en nuestras metas y en nuestras preocupaciones. Podemos encontrarnos con personas que se comporten de forma similar, pero nadie se comporta exactamente igual que nosotros.

Mi talla no es asunto tuyo

Cuando la cuestión es cómo nos tratan los demás emocionalmente, tenemos unos límites fijados con respecto a lo que es seguro y correcto. En una ocasión salí de una tienda del centro de Seattle y un extraño empezó a gritarme acerca de un tema religioso. Me di la vuelta y me marché. No tengo por qué aceptar los gritos de nadie. Aceptaré un enfado justificado de mis amigos y de mis personas queridas pero, incluso en tal caso, yo determinaré el grado de cercanía que estoy dispuesta a tener con la persona enfadada.

Cuando yo era más joven, mi casera tenía la costumbre de hacer comentarios sobre mi peso. «Estás engordando, ¿eh?»

Le consentía que me dijera esas cosas porque no sabía qué otra cosa podía hacer. Ahora sé que nadie tiene derecho a hacer ningún comentario sobre mi cuerpo. Si eso me pasara ahora, le diría: «Mi talla no es asunto tuyo y quiero que te guardes tu opinión para ti misma.» Si persistiera, yo también persistiría. Puede que no volviera a tratarme con ella. Puede que, incluso, me mudara. Haría lo que fuera necesario para proteger mis límites emocionales.

Solía consentir que mis clientes me dijeran cualquier cosa. «Si tienen tanta necesidad de mostrar su enfado –pensaba– déjales que lo hagan contigo.» Ahora no me sacrifico por nadie. Si un cliente dice algo hiriente, marco un límite. Los clientes pueden estar enfadados conmigo y pueden decírmelo, pero la hostilidad y la maldad no benefician en absoluto a la relación ni al individuo. Si dejo que alguien me maltrate verbalmente, no le hago un favor a ninguno de los dos.

Lo mismo vale para ti. Cuando consientes que alguien te haga daño o te maltrate verbalmente, eso no beneficia a la otra persona. Al protegerte a ti mismo, estableces un límite necesario para los dos. Ese límite favorece la relación.

Tenemos límites espirituales. Tú eres el único que sabe cuál es el camino espiritual adecuado para ti mismo. Si alguien trata de convencerte de que conoce la única forma posible de fe, está fuera de lugar. «Trabajad con temor y temblor en vuestra propia salvación» (Filipenses 2,12). Los demás pueden prestarnos ayuda, pero no forzarnos. Nuestro desarrollo espiritual surge de nuestro yo interior.

Tenemos límites sexuales, límites a lo que es un comportamiento seguro y adecuado por parte de los demás. Podemos elegir con quién tener relaciones sexuales y hasta dónde llevar esa relación.

Tenemos límites relacionales. Los papeles que jugamos definen los límites de una relación correcta con los demás.

En los capítulos siguientes analizaremos y definiremos con mayor precisión estos tipos de límites. Pero ¿por qué tanto hablar de límites? ¿Por qué son tan importantes?

Los límites traen orden a nuestras vidas. A medida que aprendemos a reforzar nuestros límites, obtenemos una conciencia más clara de nosotros mismos y de nuestra relación con los demás. Los límites nos otorgan la posibilidad de establecer cómo han de tratarnos los demás. Con buenos límites podremos disfrutar de la maravillosa sensación de seguridad que provoca el saber que somos capaces de protegernos de la ignorancia, la mezquindad o la desconsideración de los demás, y que lo haremos.

El tacto nos indica dónde empezamos y dónde acabamos

¿Cómo desarrollamos límites? Los límites empiezan a formarse en la infancia. En una familia sana, se ayuda al niño a formarse como individuo, a que desarrolle un concepto de sí mismo separado y único del resto de los demás miembros familiares.

Desde el principio, Laura y Beth recibieron constantes mensajes familiares referentes a los límites. Beth tenía un padre que no la dejaba formarse como individuo; no quería o no podía dejarla desarrollarse de forma independiente, con unos valores y un punto de vista de las cosas diferentes del suyo. Por tanto, no tenía ningún límite con su padre. Al insistir en que ella pensara y se comportara de una determinada manera, él evitaba que ella desarrollara límites emocionales. Negó su feminidad, lo cual la catapultó a la anorexia, y en ese sentido transgredió sus límites físicos. Saboteó el tratamiento, impidiéndole con ello a su hija recibir la nutrición que su cuerpo necesitaba y, en última instancia, estaba dispuesto a arriesgar la vida de ella antes que dejarla desarrollar una identidad al margen de la suya. El padre de Beth era *dependiente* de ella.

Laura, por su parte, estaba expuesta a unos límites que le quedaban demasiado lejanos para una niña en edad de crecimiento.

Después de formar parte del cuerpo de nuestra madre somos lanzados al mundo como entidades independientes. Dependemos del tacto para tener conciencia por primera vez de nosotros mismos. El tacto nos indica dónde estamos, dónde terminamos. Los achuchones y los abrazos nos indican a dónde pertenecemos y que, efectivamente, pertenecemos a algún sitio y a alguien.

Hoy en día se está extendiendo una nueva y fantástica forma de dar a luz: después del parto, que tiene lugar en agua templada, un fisioterapeuta ayuda suavemente al bebé a estirarse desde la postura encogida que ha guardado durante tanto tiempo. El fisioterapeuta estira con cuidado los pequeños miembros oprimidos y masajea los diminutos músculos. «Bienvenido, bebé. Éste eres tú. Te ayudaremos a conocerte a ti mismo. Estamos contigo. Conocemos tus necesidades.»

Desde los primeros días de su vida, Laura fue gravemente privada del contacto físico. En contraste con la dependencia que experimentaba Beth, Laura vivía en una familia en la que establecían los límites a una distancia tan lejana de sí mismos que cada persona se movía en un círculo separado, tan desconectados unos de otros que es como si Laura hubiera crecido sola. Para cuando tuvo diez años, llevaba tanto tiempo sintiéndose sola que no se le ocurrió pedir ayuda para manejar el comportamiento incestuoso de su padrastro. Pensaba que era algo de lo que tenía que ocuparse ella sola.

Al igual que Beth, Laura no era consciente en absoluto de sus propios límites. La falta de contacto físico y emocional sanos por parte de su familia la privó de desarrollar una conciencia de sus límites y de cómo protegerlos.

Aguanta mi comportamiento y no te pasará nada

El incesto es una violación grave de los límites físicos, emocionales y sexuales. Los sentimientos de Laura le decían que no le gustaba lo que su padrastro hacía, pero en su familia nunca se habían tenido en cuenta los sentimientos ni se había hablado de ellos. Se esperaba que cada uno de sus miembros, dentro de su círculo independiente, soportara las dificultades y cumpliera con su deber sin tener en cuenta los sentimientos.

Su padrastro le pedía un comportamiento contrario a sus sentimientos. Cuando nos fuerzan a actuar en contra de nuestros mensajes internos, los sentimientos se hacen cada vez más difíciles de soportar. Lentamente, los propios sentimientos cambian para pasar de percibir a una persona como un amigo a sentirlo como un traidor que sólo trae dolor. (Esto ocurre con el paso de los años.) Este efecto provocado por el incesto, el de causar dentro de una persona esos dolorosos desgarros que provienen de haber aprendido a actuar en contra de los sentimientos, es uno de los daños más graves de todos.

Si creciste en una familia disfuncional, probablemente te ayudaron poco a desarrollar tus límites. Puede que hayas crecido sin una conciencia clara de tus propias fronteras. De hecho, puede que te hayan enseñado a dejar que otros las pisen.

Aprendemos acerca de nuestros límites según la forma en que somos tratados de niños. Después le enseñamos a los demás dónde están por la forma en que les dejamos tratarnos. La mayoría de la gente respetará nuestros límites si les indicamos dónde están. Sin embargo, con alguna gente debemos protegerlos de forma activa.

Los límites requieren un mantenimiento

La piel es un ejemplo obvio de los límites físicos. Los límites emocionales y relacionales tal vez sean menos evidentes, pero son igual de importantes.

Si la barrera de tu piel se rompe con un arañazo, te vuelves vulnerable a la infección. Si tus límites emocionales o relacionales se quiebran, también te vuelves vulnerable al daño. Cuando las acciones desconsideradas o entrometidas de los demás rompen estas fronteras invisibles, se trata de una violación de límites.

Como cualquier valla, los límites requieren mantenimiento. Algunas personas son como la hiedra: intentan constantemente pasar por encima o a través de nuestras fronteras. Es cansado, pero si dejamos que estas personas se queden en nuestras vidas, debemos podar y sacar continuamente las malas hierbas del comportamiento fuera de nuestros jardines.

¿Cómo son los límites? ¿Son rígidos o duros? Si tengo una frontera que pone un límite a los comentarios hostiles de los demás, ¿quiere eso decir que también le estoy cerrando el paso a los halagos?

Los límites tienen formas y tamaños diversos. Pueden ser tan rígidos como un muro de ladrillos o tan flexibles como una bolsa de plástico, tan impenetrables como un escudo de plomo o tan permeables como una alambrada. Algunos límites son transparentes; otros son opacos. Los límites pueden estar a tanta distancia que las personas tengan que gritarse para oírse unas a otras; o pueden estar tan cerca que, según palabras de Groucho Marx, «si me acercara más, estaría montado en tu espalda». En el capítulo 6 aparecen descritos con más detalle diferentes tipos de límites.

Lo que en una cultura o un país es considerado un límite saludable puede que sea malinterpretado o temido en otro. Puede que lo que los estadounidenses de raza blanca interpretan como violaciones de límites sean costumbres comunes en los círculos de norteamericanos nativos. Puede que los ciudadanos estadounidenses, con su desenvuelta confianza, transgredan límites sin darse cuenta en otros países más formales, al realizar en ellos prácticas que son habituales en el suyo.

En unas recientes prácticas de los voluntarios para los Goodwill Games, le pidieron al heterogéneo grupo formado por unos 2.000 estadounidenses de distintas edades y trasfondos culturales que clasificaran una serie de valores. Salvo algunas excepciones, la honestidad, el desarrollo personal y la independencia fueron las tres primeras clasificadas. Al final de la lista formada por veinte valores estaban la formalidad, la obediencia y la tradición. Muchas culturas de otras partes del mundo habrían invertido el orden de los valores, situando la tradición y la formalidad al principio y la honestidad y la independencia al final.

Unas diferencias tan básicas pueden producir un conflicto fronterizo. Un americano abierto que entre decidido extendiendo la mano y tratando a la gente por su nombre de pila transgredirá los límites de una cultura en la que se valore un ritual más formal en los contactos iniciales con extraños. Nosotros tal vez consideramos el profundo sentido de lealtad a la comunidad que tienen los rusos como una falta de independencia individual. Puede que los rusos piensen que nuestro comportamiento directo es grosero y chulesco. Los límites, hasta cierto punto, están influidos por los valores de la cultura en la que se vive. Cuando interactuamos con otras culturas, es importante percibir estas diferencias y recordar que cada parte puede cruzar una frontera sin ser consciente de ello; no por malicia, sino por ignorancia.

Yo no soy tú

Nuestra salud emocional está relacionada con la salud de nuestros límites. Cuando crecemos en una familia disfuncional, aprender a utilizar los límites es uno de los papeles más incómodos a los que nos enfrentamos. Amenaza lo que hemos aprendido anteriormente sobre la supervivencia y, en ese sentido, va contra nuestros principios. Pero, con el tiempo, los papeles cambian. Llegamos a vernos claramente diferenciados de los demás, aunque no muy distantes, y, si nuestros límites están intactos, percibimos una sensación de bienestar. Tener unas fronteras despejadas e intactas sienta bien. Las fronteras saludables son lo suficientemente flexibles como para permitirnos decidir qué queremos dejar entrar y qué queremos dejar fuera de ellas. Podemos decidir excluir la mezquindad y la hostilidad y dejar entrar la afectuosidad, la amabilidad y el cariño.

¿Dónde están tus límites? ¿Lo sabes? ¿Tienes alguna conciencia de tus límites, de tu singularidad? ¿Te sientes a gusto dentro de tus límites?

IMAGINA TUS LÍMITES

Ejercicio 1.1.

Material: un cordel o una cuerda de 7,5 metros como mínimo.

1. Coloca la cuerda formando un círculo en medio de una habitación espaciosa. Ponte de pie en el centro del círculo. Imagínate que todo lo que hay fuera del círculo no eres tú. Imagínate que todo lo que hay dentro del círculo eres tú.
2. Piensa en lo que llena tu círculo. ¿Qué te importa? ¿En qué crees? ¿Qué odias? ¿Qué amas? ¿Quién eres? ¿Qué te atrae? ¿Qué te repele? ¿Qué valoras? ¿En qué piensas? ¿Cómo eres realmente?
3. Hay un millón de cosas que te diferencian de los demás. Cuanto más consciente seas de ellas, más firme será el concepto que tengas de ti mismo.

Opción a. Escribe las respuestas a estas preguntas.
Opción b. Comenta estas preguntas y sus respuestas con un amigo.

Ejercicio 1.2.

Material: revistas, una bolsa de papel grande, celo o pegamento.

1. Recorta de las revistas fotografías o palabras que describan tu yo externo, el yo que presentas al mundo.
2. Pega las fotografías o palabras en el exterior de la bolsa.
3. Mete dentro de la bolsa las palabras o fotografías que describan tu yo interior.
4. Cuando hayas terminado, compara las palabras y fotografías de dentro de la bolsa con las que hay fuera de ella. ¿Has descrito a dos personas diferentes?
5. Comenta tus descubrimientos con un amigo.

EXAMEN DE LÍMITES

Ejercicio 1.3.

(Optativo) Comprueba a ver cuánto has aprendido sobre los límites, ya sea aquí o a lo largo de tu vida.

I. Preguntas tipo *test*. Elige la respuesta correcta.
   a. La palabra «límite», tal como la usan los terapeutas y personas en tratamiento, se refiere al siguiente aspecto de las personas:

1. Los límites físicos y sexuales
   2. Los límites espirituales y emocionales
   3. Los límites relacionales
   4. Todos los anteriores.
- *b.* La expresión «violación de límites» indica:
   1. Que han roto tus límites
   2. Que has expandido tus límites
   3. Que han transgredido de forma leve tus defensas
   4. Ninguno de los anteriores.
- *c.* La violación de un límite produce:
   1. Ninguna consecuencia en particular
   2. Una conmoción emocional
   3. Ningún daño a una relación realmente fuerte
   4. Sólo un problema para la víctima de la violación.
- *d.* Los límites son:
   1. Normalmente flexibles
   2. Normalmente rígidos
   3. Imposibles de cambiar
   4. Distintos para las diferentes personas.

II. Marca las situaciones que supongan una violación de límites:
   - *a.* El abuelo se lleva a Jim de pesca. (A Jim le encanta estar con el abuelo.)
   - *b.* Esther le cuenta a Betty un secreto que Mary le ha contado.
   - *c.* Tu terapeuta te invita a tomar un café.
   - *d.* Tu jefe quiere saber detalles de tu vida personal.

- *e.* Tu jefe te llora en el hombro.
- *f.* Tu terapeuta acepta tu invitación de ir a tomar un café.
- *g.* Mamá le cuenta a Debby sus problemas con papá.
- *h.* Tu jefe te pregunta si te gustaría que te abrazara.
- *i.* Tu nuevo vecino te da una palmada en el trasero cuando se marcha.
- *j.* Tu madre hace un comentario acerca de tu sobrepeso.

Respuestas: I. A. 4.; B. 1.; C. 2; D. 4. II. Los casos A y H son los únicos que no son una violación de límites.

Capítulo 2

LÍMITES VISIBLES E INVISIBLES

LA HISTORIA DE LAURA

Recuerdo un pequeño incidente que me ocurrió cuando tenía quince años. Iba andando por el centro de la ciudad y un hombre extraño empezó a caminar junto a mí. Era mucho mayor que yo, tenía aspecto sucio y empezó a hablarme gesticulando de forma que me tocaba el brazo, el hombro, la cabeza y la cintura.

No tenía ni idea de cómo manejar la situación. Me habían enseñado que tenía que ser cortés con todo el mundo. Nunca se me había ocurrido que yo pudiera marcar la forma en que una persona podía tocarme o, incluso, hacer que dejara de hacerlo. No sabía cómo defenderme a mí misma, ni tampoco que tuviera la opción de hacerlo.

Cuanto más caminábamos, más descarado se ponía. Llegó un momento en que me estaba tocando los pechos y yo todavía hacía esfuerzos por ser cortés con él, por escucharle amablemente. Pero, finalmente, me sentí tan incómoda que le dije que tenía que irme a no sé dónde. Corrí a meterme en una tienda. Nunca se me ocurrió comentarle este incidente a mi madre.

Uno de mis profesores de instituto era el señor Elliot. Asistí a su clase todos los días durante cuatro años. El señor Elliot tenía mala fama entre los estudiantes: todo el mundo sabía que tocaba a las chicas si se acercaban demasiado a él.

Una vez, cuando una de mis compañeras fue hasta su mesa para hacerle una pregunta, le acarició la pierna con la mano durante todo el tiempo que estuvieron hablando. En otra ocasión, yo estaba junto a su mesa con otra amiga mía y empezó a tocarle el pecho. Entonces volvió la cabeza hacia mí y me hizo un guiño. ¿Se suponía que era una broma? ¿Se suponía que debía parecerme gracioso?

Yo no quería que me tocara, así que, si tenía que acercarme a su mesa, me mantenía bien alejada de él. Me miraba de arriba abajo igualmente. Este hombre era amigo de mis padres y de mis abuelos, pero eso no me eximía.

Tocaba y miraba a tantas chicas que las estudiantes de los últimos cursos ponían en sobreaviso a las de los primeros cursos cuando entraban en el instituto. Cuando me acuerdo de ello, me deja atónita pensar que hubiera tantas chicas que sufrieron el abuso de este hombre y que no se enterara ningún padre. ¿Cómo pudo comportarse así durante décadas sin que la dirección lo pillara y lo detuviera?

Me viene a la cabeza otra escena de las películas que veía cuando era niña. En ella, una mujer se enfada con un hombre; tal vez le da la espalda o se marcha. Entonces, él la sigue, la coge y la besa en contra de su voluntad. Ella se resiste, pero, de repente, se rinde y se abraza a su cuello.

Durante toda mi etapa de crecimiento me vi rodeada de un montón de cosas que indicaban que si un hombre quería tocarte, tenías que aguantarlo. Nada me enseñó que pudiera decir que no.

Cuando era estudiante de segundo curso en la universidad tuve una cita con un estudiante de un curso superior. Fuimos a un autocine. Durante la película no paró de echarse tragos de una botella (creo que era de whisky) y todo el rato me preguntaba si quería un poco. Yo en lo único en que pensaba era en el alcoholismo de mi padrastro. No pude tomar ni un sorbo.

Empezó a tocarme. No me gustaba nada, pero no sabía que tuviera ninguna otra opción, así que me aguanté. Al menos en mi colegio mayor había toque de queda: eso era en todo lo que podía pensar. Cuando me llevó de vuelta, estuvimos sentados en la parte trasera del coche hasta el último momento antes de que cerrara el colegio mayor. Yo miraba el edificio mientras él se apretaba contra mí y, finalmente, las luces dieron la señal de los últimos cinco minutos. No volví a salir con un chico hasta pasados dos años.

La única forma en que sabía tratar a los hombres era permaneciendo lejos de ellos. No sabía que la gente hablaba de estas cosas, así que nunca se lo conté a nadie. Ningún profesor, ningún mentor, nadie me contó jamás que las mujeres tuviéramos derecho a marcar un límite a la forma en que alguien puede tocarnos, ni me explicaron cómo se hacía eso.

Cuando era estudiante de último curso, hice algunos viajes. Conocí a un hombre en Roma. Fue amable conmigo. Un día me llevó de recorrido turístico y luego a cenar.

Me dijo que quería que conociera a su primo, que vivía con él pero, cuando llegamos a su apartamento, el único primo que vi fue el que había en una foto junto a la cama.

No tenía ni idea de en qué parte de Roma estaba y mi italiano era bastante rudimentario, pero salí corriendo de su apartamento escaleras abajo. Vino corriendo detrás de mí y me dijo que me llevaría al hotel. Accedí.

En el camino de vuelta, paró el coche y se echó sobre mí. Me aguanté. Por qué fui capaz de salir de su apartamento y no del coche, no lo sé. Tal vez estaba más asustada en su apartamento; tal vez sentía que, puesto que estábamos de camino a mi hotel, ya casi había pasado todo y que podía aguantarme. En cualquier caso, soporté sus empujones hasta que obtuvo lo que quería. Pensé que no había sido tan malo después de todo porque no estábamos desnudos y había podido eyacular sin penetrarme y sin pedirme que le tocara. Pensé en otra cosa mientras él terminaba. Lo que más odié fue la mirada que me echó el conserje cuando entré por las puertas del hotel a las 3.30 de la madrugada. Me hizo sentir sucia. Quería decirle que yo era inocente.

La historia de Georgia

Cuando pienso en mi infancia, no tengo recuerdos visuales que se sucedan como una película de vídeo. Más bien es mi cuerpo el que tiene grabadas mis experiencias y, cuando me paro a pensar en una época determinada de mi vida, es mi cuerpo el que me ofrece algunas sensaciones conectadas con ese momento.

Tengo fuertes sensaciones relacionadas con mi hermano mayor. Percibo que yo era una niña pequeña cuando él empezó a abusar sexualmente de mí. Él tendría ocho años en aquel entonces. Me figuro que me dijo que me mataría si se lo contaba a alguien, porque ahora, treinta años después, todavía tengo la sensación de que voy a morir cuando hablo de ello.

No estoy segura de lo que hizo realmente. Eso es en parte lo que resulta tan exasperante. Sé que pasó algo horrible, pero si alguien me preguntara qué, no podría precisar suficientes detalles para convencerle de que estoy contando la verdad. A veces parece algo tan vago que creo que me lo debo estar inventando.

Debió de tener su cuerpo desnudo sobre el mío. Debió de tener una erección y una eyaculación, porque recuerdo tener demasiados conocimientos sexuales muy pronto. Debió de meterme los dedos dentro. Algunas partes de mi cuerpo me provocan una vergüenza tan profunda... Esto ocurrió durante muchos años, de eso estoy segura.

Cuando durante la terapia se lo conté finalmente a mis padres, me dijeron: «¿Por qué no nos lo contaste?»

Cuando dijeron eso, me dieron ganas de gritar. Me sentí inútil y atrapada. Quería gritarles: «¿Cuándo iba a decíroslo?; ¿mientras tú me pegabas, mamá? ¿Era ése el momento oportuno para contártelo? ¿O tal vez durante uno de tus ataques de histeria?»

Me sentí tan derrotada por aquella pregunta que no pude contarles lo que había supuesto para mí. ¿Por qué no se dieron cuenta de lo que era para mí estar en aquella casa?

Cuando era niña, estaba siempre superada por todas las cosas que tenía que hacer. Tenía que cuidar a las pequeñas e intentaba darle sentido a un hogar que no lo tenía. La casa estaba siempre tan mugrienta. Yo tenía diez años e intentaba sacar aquello adelante de alguna manera: limpiando la casa, intentando mantener el césped cortado, ocupándome de mis hermanas.

Esperaba constantemente que ella se diera cuenta; que se diera cuenta de que era demasiado trabajo para mí; que se diera cuenta de lo que él me estaba haciendo. Quería que ella lo supiera. Intentaba hablar con ella y la ponía a prueba para ver si ya era seguro contarle lo que él me hacía. Cada vez, su respuesta me demostraba que todavía no lo era.

Me pasaba el tiempo defendiéndome constantemente de *ella*. En aquella sesión de terapia quería decir: «¿Qué hiciste jamás que pudiera indicarme que eras capaz de manejar aquella situación con mi hermano? Puede que me hubieras pegado por ello.»

«O, papá, ¿cuándo iba a decírtelo a ti? Trabajabas catorce horas al día. Nunca estabas en casa. No tenías ni idea de lo que hacía tu mujer mientras no estabas. ¿Trabajabas tan duro para estar alejado de ella? Si tú no querías estar con ella, ¿cómo justificas haber dejado a seis niños indefensos con ella?»

»Nuestra casa era tan segura y pacífica, nos animábais tanto a hablar de lo que pasábamos que me sorprende que se me olvidara mencionaros que Bobby se subía encima de mí y se metía dentro de mí.» Eso es lo que tenía ganas de decir.»

La historia de Donna

Yo debía tener tres o cuatro años cuando mi padre empezó a acariciarme. Recuerdo el antes y el después, pero no recuerdo el durante. Recuerdo que me llevó al río en su furgoneta. Iba a enseñarme las barcas del río. Después, recuerdo estar ya en casa y que me cambió las bragas. Mi madre entró en la habitación y preguntó qué pasaba, y él le dijo que yo había tenido un accidente y que no habíamos ido al río porque había tenido que traerme de vuelta a casa para cambiarme la ropa.

Me siento confusa cuando intento recordar qué ocurrió y cuándo. Mis padres se separaron y luego volvieron a estar juntos. Dos de mis primas dijeron que papá las había tocado, así que nunca volvimos a hacer nada con mis tíos ni con mis primas. Mi padre fue acusado de abusar sexualmente de una chica del vecindario y se libró. ¿Por qué mi madre nunca se planteó lo que me podía estar pasando?

Volvió a meterse conmigo cuando tenía nueve años. Creo que tenía doce cuando se lo conté a mi madre. Ella habló con él y me dijo que le había prometido que no iba a volver a hacerlo. Ella lo creyó. Yo quería creerlo también, pero pronto descubrí que iba a volver a hacerlo.

Aun así, después de todo, realmente quería a mi padre. Durante el día, mi madre nunca estaba conmigo. Cuando no estaba trabajando, que no era muy a menudo (era ejecutiva de una gran empresa), lo único que le interesaba eran su pelo, su ropa y su maquillaje. Después de eso, se quedaba demasiado cansada para hacer cualquier otra cosa. No quería que yo la molestara.

Queda una marca

La piel es un límite físico, una barrera que mantiene el cuerpo intacto. Un corte o arañazo no son las únicas heridas físicas que pueden causar daño. Una mano indebida sobre el cuerpo, por un motivo incorrecto, también puede dañar.

Podrías decir que no araña; la persona no está *realmente* herida. No queda marca.

Yo discreparía. *Sí* queda marca. Cualquier transgresión física es también una violación de los límites emocionales de una persona.

Más adelante, en el capítulo acerca de la violación de límites, comentaremos distintos tipos de daño. Por ahora, sin embargo, nos centraremos en dos tipos de límites y en dos categorías de violación de ellos.

Tenemos velocidades de avance y de marcha atrás

Los dos tipos principales de límites que existen son los físicos y los emocionales. Nuestros límites físicos están definidos por la piel; nuestros límites emocionales, por la edad, los papeles que desempeñamos, las relaciones que tenemos con los que nos rodean, nuestras necesidades de seguridad y nuestras elecciones sobre cómo queremos que nos traten.

Yo establezco mi frontera física al elegir quiénes, cómo y dónde pueden tocarme. Yo decido cuánto dejaré a la gente acercarse a mí. Porque, además de velocidades de avance, tengo marcha atrás, y puedo alejarme de quien invada mi área personal.

Fijo mi frontera emocional al decidir cómo voy a dejar que la gente me trate. Una forma de hacerlo es marcando límites a lo que voy a permitir que la gente me diga. Puedo aceptar expresiones de enfado sanas y seguras de gente cercana; un enfado inoportuno de una persona inoportuna, no. No consentiré que un extraño en un autobús desahogue su enfado conmigo; me cambiaré de asiento o le pediré ayuda al conductor si es necesario.

Yo establezco el tipo de comentarios personales que estoy dispuesta a aceptar de los demás. Una de mis tías, por ejemplo, hace comentarios libremente sobre el cuerpo de la gente con la que está. En una ocasión, mi prima y yo estábamos cenando con ella cuando una persona se acercó a nosotras vendiendo clínex pidiendo a cambio una ayuda económica. Mi tía contestó despectivamente: «Estamos comiendo, aunque no nos hace falta a ninguna». Hasta entonces, le había pasado muchas cosas a mi tía porque la quiero mucho pero, cuando más tarde pensé en ello, me di cuenta de que me había sentido mal cuando contestó con aquel tono y de que no quería que volviera a incluirme en sus comentarios.

A veces tendemos a creer que si le hemos consentido algo a alguien debemos consentírselo ya siempre. Al contrario, podemos cambiar de parecer, descubrir que no nos gustó algo que alguien dijo y establecer nuevas normas de comportamiento.

Yo pongo fin a los comentarios sexuales y a las insinuaciones de los hombres con los que trabajo y de aquellos con los que salgo informalmente. Yo decido cuánta información personal quiero revelar a los demás. Yo evalúo cómo tratan los demás la información que yo revelo, y eso me ayuda a decidir si puedo seguir confiando en ellos o no. Y cuando se trata de preguntas personales, yo decido cuáles estoy dispuesta a contestar.

Le conté algo muy personal a una tía a la que quiero mucho. Ella, a cambio, se lo contó en una carta (y, además, incorrectamente) a otros parientes en los que yo no confío. En el futuro tendré más cuidado respecto a qué le explico.

A otra pariente mía le abrí mi corazón y descubrí, indirectamente, que pensaba que estaba jugando con ella. Yo no había detectado eso, en absoluto, en nuestra comunicación. Me di cuenta de que nunca podría saber sus verdaderas reacciones respecto a mí porque no era capaz de expresar directamente sus sentimientos; de hecho, decía siempre lo contrario de lo que pensaba. Este descubrimiento también me demostró que cambia el significado de las cosas que le cuento. De modo que ya que no puedo saber lo que pensará ni puedo confiar en que comentará sus reacciones conmigo; sin embargo, sí que estoy segura de que tergiversará lo que le cuente y de que pasará la información cambiada. Por lo tanto, no puedo mantener una relación con ella.

Establecer límites emocionales implica decidir qué relaciones voy a fomentar y a continuar y de qué gente me voy a apartar porque no confío en ella.

Violaciones principales

Hay dos clases principales de violación: las transgresiones por intrusión y las transgresiones por exceso de distancia. En este capítulo, Laura, Georgia y Donna han descrito violaciones de intrusión física. En el capítulo anterior, Beth describió una intrusión emocional y Laura describió violaciones por distancia física y emocional.

Violaciones por intrusión: «¿Has abortado alguna vez?»
Las transgresiones por intrusión ocurren cuando se traspasa un límite físico o emocional. El incesto es una violación por intrusión. También lo son las preguntas personales inapropiadas, el contacto físico inapropiado y el intento de controlar las ideas, creencias o sentimientos de otra persona.

El acercamiento adecuado entre dos personas viene dado por el contexto, por el tipo de relación. El tipo de intimidad que se busca entre marido y mujer está fuera de lugar entre padre e hijo. En el capítulo 3, «El contexto», analizaremos los límites establecidos por el tipo de relación.

El hermano de Georgia puso su cuerpo desnudo sobre ella. La tocó sexualmente. El padre de Donna tuvo actividad sexual con ella y con otras niñas. El profesor de Laura, el señor Elliot, tocaba a las estudiantes de su clase. En cada uno de estos casos, el comportamiento de los hombres traspasó las fronteras de la relación. Fueron violaciones de intrusión física.

Así pues, un grado de intimidad física inadecuado para una determinada relación supone intrusión física.

Una recién llegada a mi club de labores cometió una violación por intrusión al preguntarme si había abortado alguna vez. Jamás la había visto antes. No teníamos ninguna base que diera pie a hablar de algo tan personal. Yo no tengo por qué sufrir las consecuencias de la desconsideración de otra persona o de su falta de conciencia. Si alguien me hace una pregunta personal inadecuada, no tengo por qué responderla.

Lo cierto es que no he abortado nunca y podía haberle dicho sencillamente: «No», pero no quería transmitirle la sensación de que la pregunta era correcta. Podía haberle contestado: «¿Por qué lo preguntas?», pero lo inadecuado de su pregunta me volvió reacia a entablar una conversación con ella. Lo que sí contesté fue: «No te conozco lo suficiente como para comentar algo así contigo.» Pareció un poco sorprendida, se giró hacia otra persona y me evitó durante el resto de la reunión, con lo que no tuve ningún problema. No necesito a una amiga que no guarda buenos límites.

Violaciones por distancia: Los adultos también necesitan ser tocados. Las transgresiones por distancia ocurren cuando el grado de intimidad es menor del apropiado para la relación, cuando alguien del que uno puede esperar cercanía tiene un comportamiento demasiado distante o seco. Si en una relación tener intimidad es adecuado y no se da, la relación tiene demasiada distancia. De nuevo, el contexto es la clave que determina la transgresión.

Puede que sea difícil de ver, pero la distancia excesiva resulta dañina. Los niños necesitan un contacto físico seguro para poder definirse a sí mismos. Acariciar, abrazar, coger y tocar sin implicaciones sexuales a un niño es importante para su desarrollo físico y emocional. Los adultos también necesitan contacto físico.

En *Una historia natural de los sentidos*, Diane Ackerman habla de experimentos que demuestran que cuanto más se coge a los bebés, más despiertos están y mayor es su nivel de desarrollo cognitivo, y que, por el contrario, personas de todas las edades pueden enfermar ante la falta de contacto físico (ya sea por iniciativa propia o de los demás).[1]

Al principio de este capítulo, Laura contaba una serie de incidentes en los que la tocaban contra su voluntad. ¿Por qué no detuvo a aquellos hombres, se marchó o, simplemente, dijo no? (Tengo una camiseta en la que pone: «¿Qué es lo que no entiendes de la palabra NO?»)

Cuando tenemos buenos límites emocionales, podemos proteger nuestros límites físicos. Pero el desarrollo de las fronteras físicas y emocionales se ve dañado no sólo por las violaciones por intrusión, sino también por las transgresiones por distancia.

La habilidad para protegernos a nosotros mismos está relacionada con la fortaleza de nuestras fronteras. Si no hemos desarrollado unos límites emocionales definidos, somos vulnerables a la violación física.

Laura, Georgia y Donna no recibieron ningún cariño físico seguro cuando eran niñas. También las descuidaron emocionalmente. La madre de Georgia se enfadaba y la maltrataba; el padre y la madre de Donna siempre esta-

---

1. Diane Ackerman, «The Power of touch», *Parade Magazine*, 25 de marzo de 1990, p. 5.

ban fuera de casa y enfrascados en el trabajo. La intrusión física o el incesto no son intimidad. Una persona incestuosa apenas se hace emocionalmente accesible a la víctima. Así pues, uno puede sufrir una transgresión intrusiva y, a la vez, sentirse emocionalmente abandonado.

Como la familia de Laura no fomentaba el diálogo sobre los sentimientos, ella no sabía cómo exteriorizar la información interna que podía ayudarla a cuidarse a sí misma. Puesto que sufrió un abandono emocional y no la ayudaron a ser consciente de sus propios sentimientos, ella (ni Georgia ni Donna) nunca supo que los sentimientos pueden servir para tomar medidas al respecto.

Nuestros sentimientos son ricos en información

Cuando gritamos, sabemos que lo hemos hecho porque oímos el grito. Nuestros oídos nos transmiten de inmediato que hemos emitido un sonido. Después podemos modificarlo para transmitir de forma más exacta lo que queremos decir. Del mismo modo, cuando sentimos algo necesitamos una respuesta, una retroalimentación. Cuando la respuesta es precisa, nuestro sentimiento evoluciona y se define más.

El eco te rebota las palabras; una respuesta cálida te devuelve los sentimientos. Te conoces mejor. Esta combinación (la de una retroalimentación eficaz y un mejor conocimiento de ti mismo) crea un límite emocional. Completa el círculo de lo que eres y crea un espacio externo de lo que no eres.

Nuestros sentimientos están cargados de información sobre cómo reaccionamos ante el mundo. Nos indican cuándo algo parece peligroso, amenazador o, por el contrario, seguro. De niños, nos enseñan a escribir y a hablar, y también nos enseñan a manejar los sentimientos. Aprendemos a hacerlo observando a los demás y cómo éstos reaccionan a nuestros sentimientos.

«¡Estoy asustado!», exclama un niño de cinco años en su primer día de colegio.
«No, no lo estás. Esto es divertido», le contesta un padre que no está al corriente de la situación.

«¡Mamá, me he hecho daño!», dice la niña de cuatro años, cuando llega corriendo sosteniéndose contra el pecho el codo arañado.
«Oooh, déjame ver –le dice su madre cariñosamente–. Siento que te hayas hecho daño.» La coge, la abraza y la lleva dentro.

Él tiene siete años. Tiene un gesto tenso en la cara y aprieta la boca. «No quiero ir a la reunión de *scouts*.»

Imagina que tienes siete años y compara estas dos reacciones de los padres:

- «Claro que quieres ir. Los *scouts* te enseñarán a ser un hombre.»
- «Ven aquí, cielo. Pareces asustado. Dime qué te ocurre.»

Los sentimientos nos conectan con el significado

Aprendemos a formar límites emocionales gracias a las respuestas que obtenemos. Cuando nuestros sentimientos son recibidos con desaprobación, dureza o desprecio, aprendemos a mitigarlos, a separarnos de ellos y a ignorar la valiosa información que nos ofrecen.

Cuando los sentimientos son recibidos con cariño, cuando nos animan a hablar de ellos y nos ayudan a identificarlos, y cuando un padre interpreta correctamente nuestra expresión facial, nuestro lenguaje corporal y los sentimientos relacionados con él, la comprensión de nosotros mismos crece. Aprender sobre los sentimientos y aprender a conectar con ellos es esencial para un desarrollo completo de los límites.

Mira a tu alrededor. Fíjate en algún árbol que veas por la ventana o en un cuadro de la pared. Déjate conectar con el sentimiento que te provoque ese árbol o ese cuadro. Ábrete a tus reacciones. Descubrirás el significado que tiene para ti a través de tus sentimientos. Si no tienes ningún sentimiento hacia él, no tendrás ninguna conexión con él. Será para ti como una pared en blanco.

Tengo una bolsa de plástico que lleva puesto el nombre de una tienda de saldos del barrio en grandes letras rojas. Cada vez que voy a esa tienda tengo que esperar una cola eterna. Cuando miro la bolsa, me provoca un sentimiento ligeramente negativo. La bolsa tiene un significado para mí y descubro ese significado a través de mis sentimientos.

Tengo otra bolsa de plástico que lleva el logo de Disney World. Me encanta ese sitio, así que, cuando utilizo esa bolsa, me provoca un sentimiento positivo.

Los sentimientos están cargados de significado acerca de la naturaleza de nuestras conexiones con los demás. Cuando estamos al corriente de eso, podemos guiarnos por nuestro fuero interno, podemos establecer quiénes somos y qué es bueno para nosotros. Podemos, por tanto, conocer nuestros límites emocionales y, al conocerlos, podemos percibir cuándo alguien los rompe.

Estar conectados con nuestro yo interno nos da fortaleza para protegernos a nosotros mismos de los transgresores. Es algo que podemos hacer de forma automática. Como aparece recogido en el «Gran Libro», «si somos concienzudos en esta fase de nuestro desarrollo, sabremos manejar intuitivamente situaciones que solían desconcertarnos».[2]

Sin un espejo, no podemos vernos a nosotros mismos

Si durante nuestro crecimiento la gente está emocionalmente demasiado distante de nosotros, crecemos dentro de un vacío. No tenemos la retroalimentación necesaria, el eco, que nos ayuda a diferenciarnos. Sin un espejo, no podemos vernos a nosotros mismos. Los niños que han sufrido este tipo de abandono se adaptan de varias formas.

---

2. *Alcoholics Anonymous*, 3.ª ed. (Nueva York: Alcoholics Anonymous World Services, 1976), pp. 83-84.

Algunos se convierten en solitarios, incapaces de dejar que nadie se les acerque. Al no haber conectado nunca con sus propios sentimientos tienen poca habilidad para conectar con los de los demás. Fred, cuya historia relataremos más adelante, es una buena muestra de ello.

Otros se llenan a sí mismos con la identidad de otra persona. Si nuestros espacios interiores están vacíos, somos vulnerables a llenarlos con la agenda de los demás. Una persona así puede ser como un camaleón y adoptar en cada momento los valores y las reacciones de aquellos con los que está.

A veces se abandona emocionalmente a un niño pero se le enseña a venerar ciertos valores. Laura estaba muy sola. Cualquiera que sufre un vacío, se agarra a lo primero que se le ofrece. De la misma forma, ella cogía aquello que se le ofrecía. Llenaba sus espacios vacíos interiores con los mensajes latentes que recibía acerca de ser cortés (especialmente con los mayores), de ser útil, de atender a las necesidades de los demás, de ser amable. Y era amable y cortés, incluso cuando un extraño le tocaba el pecho en una calle del centro.

Un niño criado en un vacío emocional puede llenarse de fervientes enseñanzas religiosas, de una ética militar o de la creencia de que el trabajo es algo sagrado y de que el propósito final en la vida de uno debe ser ganar dinero y comprar cosas. Un niño inmerso en un vacío puede llenarse de este tipo de creencias, incluso aunque no se le enseñen de forma activa. Sólo necesita observar para llenar el vacío.

Si uno de los padres está emocionalmente distante y el otro está enganchado al niño, el vacío creado por uno se llena con las necesidades del otro. Generalmente, el incesto sólo puede darse reiteradamente si los padres están emocionalmente ausentes. Un padre o una madre emocionalmente presente se percatará del daño causado al niño e intervendrá. Es más, un niño que haya sufrido incesto pero que tenga un padre o una madre emocionalmente presente, habrá tenido sufientes experiencias receptivas por parte de ese padre o madre como para ser capaz de comunicar, aunque no sea verbalmente, que ocurre algo muy malo.

Puede que un padre no sepa que su hijo está sufriendo incesto pero, en la mayoría de los casos, el tono emocional que establezca con él puede facilitar o impedir que el incesto continúe.

La historia de Fred

«Yo no entiendo toda esa charla acerca de los sentimientos. Son irrelevantes. Yo no llegué a ser el director de un bufete de abogados a los 42 años quejándome todo el tiempo. Normalmente no hablo de ello, pero mira dónde estoy. Tengo una bonita casa en un barrio residencial, con agua caliente, aire acondicionado y buenos muebles. No me preocupa que mi coche se estropee. Hago que lo revisen para evitar que surjan problemas. He invertido mi dinero desde los diez años. No tengo que preocuparme por nada. Mi dinero está seguro y yo también lo estoy. Tengo planeado retirarme a los 55 años y podré seguir manteniendo mi nivel de vida. Observa mi vida. Ahí está la prueba. La forma en que vivo está muy bien.

»Puedo estar orgulloso de lo que he hecho. Empecé a trabajar cuando tenía nueve años. Conseguí una ruta de reparto de periódicos y enseguida me di cuenta de que podía duplicar mi ruta y mis beneficios con sólo la mitad más de trabajo. Antes de cumplir los doce años, ya llevaba cuatro rutas.

»Ya lo creo, me divertí cuando era niño. Me tomé un descanso cuando estaba terminando el instituto. Todavía trabajaba, pero mis colegas y yo lo pasamos en grande.

»Tengo que reírme. Solíamos hacer algunas trastadas. Una de las mejores era reorganizar los jardines de la gente. Empezamos con cosas pequeñas, como cambiar las sillas de un porche por las sillas del porche de al lado. Luego nos volvimos más creativos. Por ejemplo, el señor Jones tenía un conjunto de jardín, una caseta de pájaros y unas macetas de plantas. En mitad de la noche lo metimos todo a escondidas en la furgoneta, condujimos unas cuantas manzanas hasta la casa del señor Smith y lo cambiamos por los juguetes y la piscina infantil que tenía éste. Cogimos las cosas infantiles y las colocamos en el patio del señor Jones, como si fuera de ahí. Después nos pasamos toda la noche riendo, pensando en la cara que pondrían los Smith y los Jones cuando salieran por la mañana.

»¿Que si les dijimos alguna vez dónde estaban sus cosas? ¿Quieres decir, con una llamada o una nota anónima? Qué va, ése era su problema. Nunca volvimos a pensar en ello, salvo para reírnos cuando contábamos historias de nuestras gamberradas. Nunca robamos nada, bueno, casi nunca, sólo cuando alguien tenía una planta o algo que le pudiera gustar a alguna de nuestras madres.

»Uno de los clientes de mi padre era un abogado, muy listo, uno de los mejores del Estado. Siempre llevaba mis casos cuando me cogían por algo... alcoholemia, conducción temeraria, ya sabes. Siempre conseguía que me librara.

»¿Mis padres? Se les dio bien. Mi padre trabajaba en un banco de negocios. Trabajó duro toda su vida. Tenía una casa preciosa: dos pisos, columnas, mobiliario francés, más de dos hectáreas de terreno no muy lejos del río... ¡Qué trabajador! Podía coger el vuelo de vuelta de unas vacaciones y reunirse con un cliente la misma noche. No puedo evitar admirarlo. Por supuesto, eso le molestaba a mi madre de una forma fría y callada, pero es que, vaya tío, apenas acababa de bajar del avión, de vuelta de unas pseudovacaciones, y todavía tenía energía e inteligencia suficientes para atender a un cliente.

»¿Mi madre? No pienso mucho en ella. La que me crió más bien fue Alma Mae. Fue nuestra ama de llaves durante todo mi crecimiento. Mi madre y yo no pasamos mucho tiempo juntos.»

Criado en un vacío emocional

La vida de Fred demuestra la consecuencia de haber tenido unos padres emocionalmente distantes. Su padre era un trabajador compulsivo. Su madre también estaba ausente. Ambos mostraban signos de alcoholismo. Ahora Fred está completamente aislado de sus sentimientos y, al igual que su padre, utiliza el trabajo y el alcohol para que siga siendo así.

Puesto que sus sentimientos están bloqueados, tiene un grado muy pobre de comprensión o información sobre sí mismo. No se cuestiona la gran cantidad de energía que ha invertido en obtener seguridad, o que esta necesidad pueda estar relacionada con el excesivo abandono que experimentó de niño. Al criarse en un vacío emocional, Fred lo llenó con la única cosa que conocía: el trabajo constante e intenso que veía hacer a su padre.

Durante su crecimiento, probablemente Fred no recibió información alguna acerca de cómo interactuar con los demás, de cómo tener una relación o de cómo interpretar las señales de advertencia implícitas en el comportamiento. Cuando era un adolescente, su familia no leyó las señales de advertencia que contenían sus repetidos encuentros con la ley por beber y conducir. Su padre le proporcionó un abogado caro, pero esto no fue sino otra forma de abandono.

Un niño puede tener comida en abundancia, ropa cálida y un hogar limpio y, aun así, estar absolutamente abandonado emocionalmente. Sin la atención y el cariño de los padres, el desarrollo emocional se atrofia.

Así que, para estar sanos, debemos tener unos límites físicos y emocionales claros. Debemos ser capaces de defendernos físicamente a nosotros mismos marcando unos límites respecto a cuánto se nos pueden acercar los demás, quiénes pueden tocarnos y cómo pueden hacerlo. Para ello necesitamos tener una conciencia firme de nuestros límites emocionales. Cuando ampliamos nuestra conciencia de quiénes somos, qué necesitamos, qué nos gusta, qué queremos y qué sentimos, fortalecemos nuestras fronteras emocionales.

Observando límites

Ejercicio 2.1.

Este ejercicio puede hacer que te vuelvas más consciente de los límites de los demás. Tómatelo como una actividad en la que vas a dedicar un tiempo a obtener información y no intentes influir en las reacciones que veas.

Límites físicos

1. Hoy observa y escucha con atención a la gente que te rodee. ¿Qué acciones realizan o qué palabras dicen para indicar y proteger sus límites físicos (la distancia que los demás deben guardar para que sigan sintiéndose cómodos)?
   a. Si vas en un autobús, fíjate en lo que hace la gente cuando se les sienta un extraño al lado.
   b. Si vas por el centro, fíjate en cómo se evitan las personas al pasar unas junto a otras. ¿Qué diferencia hay entre esa distancia y la distancia que guardan con las personas que les acompañan?
   c. ¿A qué distancia se acerca el jefe a los trabajadores?
   d. ¿A qué distancia se acercan los trabajadores al jefe?
   e. Si alguien habla en tono enfadado, los que le escuchan ¿se acercan o se alejan de él?
   f. Si alguien habla amablemente, ¿cambian los oyentes de posición?
   g. ¿Cuánto se acercan tus hijos a ti? ¿Cuánto se acercan a tu cónyuge?

h. ¿Cúan cerca te gustaría estar de tus hijos, de tu cónyuge?
i. Cuando estés hablando de pie con un compañero en el trabajo, acércate un poco más a él. ¿Qué hace? Después de un rato, o con otra persona diferente, sepárate un poco. ¿Qué hace la otra persona?
j. Si eres lo suficientemente afortunado para vivir en un sitio en el que habitan personas de otras razas o culturas, observa cuánto se acercan al hablarle a un amigo y a un extraño.

Límites emocionales

1. Mañana observa cómo la gente establece y guarda límites emocionales.
   a. Escucha y fíjate en comentarios que se haga la gente entre sí y que sean apropiados dada su relación y lo que estén haciendo.
   b. Escucha y fíjate en comentarios que sean cuestionables o claramente inapropiados. ¿Cómo maneja la situación el que los recibe?
   c. Observa a tus hijos. ¿Cómo protege cada uno su privacidad de sus hermanos?
   d. ¿Qué hace tu pareja para avisarte de que no invadas su parcela privada de territorio emocional?
   e. ¿Cómo comunica tu cónyuge sus necesidades y sentimientos importantes? ¿Qué pasa cuando él o ella quiere o siente algo diferente de lo que tú quieres o sientes?

Capítulo 3

El contexto

El contexto lo es todo

El contexto, el tipo de relación, establece la cercanía o distancia adecuada en cada relación.

Ciertas relaciones implican cercanía. Un matrimonio tiene el potencial para que se dé una gran intimidad física y emocional. La relación padre-hijo ofrece un ámbito de cercanía física segura y también un ámbito de participación emocional. Los mejores amigos pueden compartir entre sí alguna cercanía física y un alto grado de intimidad emocional.

Fíjate cómo los papeles de cada uno establecen el grado adecuado de cercanía. La intimidad sexual, deseable en la pareja, está completamente fuera de lugar entre padres e hijos y en la mayoría de amistades. La intimidad física se da a través de un proceso continuo. En un extremo de ese proceso está la participación sexual completa (entre los dos miembros de la pareja) y, en el otro, ningún contacto en absoluto (entre extraños).

Y, de la misma forma que el contexto establece la cercanía adecuada, también define la distancia apropiada. En el contexto de una relación matrimonial o de pareja, la intimidad emocional adecuada conduce cómodamente a la intimidad física. Sin embargo, el escaso o nulo afecto sexual o emocional entre los miembros de un matrimonio o de una pareja es a menudo una señal de que hay problemas en la relación. Puede significar que hay demasiada distancia emocional o, por el contrario, una cercanía transgresora. (Veremos esto más adelante.) ¿Qué son las violaciones de distancia? Aquí vemos algunos ejemplos:

- Un padre que vuelve del trabajo y no le presta atención a su hijo durante una hora.
- Un niño que recibe una atención insuficiente por parte de sus padres.
- Faltar repetidamente a actos en los que participa el niño, como competiciones deportivas, entregas de premios o conciertos escolares.
- Un niño privado del contacto físico seguro de sus padres.
- Una esposa que se niega a hablarle a su marido durante un día porque a éste se le ha olvidado sacar la basura.
- Un marido que se niega constantemente a hablar sobre temas importantes con su mujer.
- Un amigo que se niega a solucionar un malentendido sobre dónde habíais quedado para comer, siendo la primera vez que ocurre.

Así pues, el contexto, el tipo de relación, establece el grado adecuado de distancia y cercanía. Entre cónyuges, este grado puede llegar a alcanzar una intimidad muy profunda y es más sano que luego no se pierda en una distancia grande o prolongada. El grado óptimo de distancia y cercanía entre padre e hijo es diferente del grado posible entre marido y mujer. Exceder los límites de una adecuada distancia o cercanía causa una violación de límites.

Recién casados

El matrimonio y otras relaciones de pareja permiten y ofrecen en teoría la mayor oportunidad para que se dé una completa intimidad física y emocional. El matrimonio es posiblemente la más complicada de las relaciones. Tiene un profundo impacto e influencia en el curso de la vida de uno. Sin embargo, a menudo solemos embarcarnos en él con poca reflexión y conciencia, con motivos medio entendidos y malas influencias.

A veces, cuando veo en un coche un letrero de «recién casados» me viene a la cabeza la imagen de unos corderos inocentes metiéndose en un laberinto o la de un niño de cuatro años al que ponen en la cabina de mandos de un 747 listo para despegar. Entonces tengo que resistirme al impulso que me sobreviene de correr hasta el coche, colar mi tarjeta por la ventanilla y gritar: «Llamadme dentro de un par de semanas, u hoy por la noche, si es necesario.» Como tengo unos cuantos límites, no sigo mi impulso. Soy casi compulsivamente correcta.

En cualquier caso, este tema merece un tratamiento aparte, que podrás encontrar en el capítulo 9. Así que, de momento, simplemente nos ocuparemos del grado adecuado de acercamiento y distancia en el contexto de una relación íntima de pareja.

Nosotros y no-nosotros, tú y no-tú

¿A qué nos referimos con el grado? El nivel aceptable de intimidad y distancia puede variar según los diferentes matrimonios y, dentro de un mismo matrimonio, de un día para otro.

La comunicación es la sangre vital que mantiene la relación de pareja fluida y viva y aclara las necesidades que tiene cada persona de intimidad e independencia.

Idealmente, el matrimonio tiene un grado suficiente de unión como para conservar la frontera que divide lo que es «nosotros» y lo que es «no-nosotros» y, a la vez, aporta un margen suficiente para conservar la individualidad de cada persona.

En un matrimonio saludable o en una pareja íntima, cada persona está íntegra e intacta. Esas personas eligen vivir juntas, pero podrían seguir viviendo igualmente si algo le pasara a la otra.

Los matrimonios parecen tener más posibilidades de éxito si los dos miembros tienen mucho en común, si comparten intereses, valores similares, metas análogas, experiencias comparables, una inteligencia más o menos igual y una forma parecida de ver las cosas. Demasiadas diferencias dan como resultado demasiada distancia.

Por otro lado, cada persona es única. Esta singularidad contribuye a la propia relación y al mundo. De manera que es decisivo que cada persona tenga sus propios pensamientos y sentimientos, y que cada uno se responsabilice de sus actos.

La dependencia no es intimidad

Cuando un miembro de la pareja intenta cambiar la forma de pensar del otro o quiere que el otro tenga exactamente los mismos sentimientos que él, los problemas son inevitables. Enamorarse es emocionante y apasionante, pero lo cierto es que es una etapa ligeramente revuelta de la relación. Le damos validez a que otra persona tenga pensamientos y sentimientos idénticos a los nuestros; ello produce una sensación maravillosa. Sin embargo, con el tiempo, las percepciones variarán. Cómo se maneje esto es algo crucial para el futuro de la relación.

Si Jack intenta imponerse a las percepciones de Jill, a sus pensamientos o sentimientos, si Jack insiste en que la forma de ser de Jill es inferior o insuficiente, en ambos casos hay un problema.

A Jill le harán falta unos buenos límites para soportar la arremetida de Jack contra su autoestima.

Hay una gran diferencia entre estar enganchado a una persona y tener intimidad con ella. Puede que la dependencia parezca intimidad, pero no lo es.

La intimidad proviene de conocerse unos a otros muy bien, de aceptar los defectos y las diferencias, y de amarse igualmente a pesar de ello. La dependencia se da cuando los dos miembros de la pareja intentan sentir y pensar como si fueran uno solo, ya que cada uno de ellos pierde un poco de su individualidad y no pueden llegar a conocerse realmente cómo son, una experiencia muy distinta a la de la intimidad.

La historia de Donna

«Cuando me casé, las películas y las revistas retrataban al matrimonio como un «feliz para siempre». Las mujeres eran como Donna Reed: tenían poco poder adquisitivo pero no importaba, porque el amable, sabio y apasionado marido proveía todo. Todo lo que la mujer tenía que hacer era cocinar especiales y maravillosas comidas, mantener la casa limpia y ordenada, ser atractiva y paciente y estar constantemente disponible para su marido e hijos. Estoy intentando recordar si el personaje de Mamá en la serie de televisión *Father knows best* salía jamás con sus amigas o si, aparte de entretenerse colocando flores por la casa, tenía alguna afición interesante.

»Me lancé al matrimonio con entusiasmo. Éste me liberaba de las garras de mi padre y me introducía en un mundo que yo podía construir para mí. Estaba decidida a no ser la persona fría y distante que era mi madre. Así que viví para mis hijos y mi marido. Mi tiempo era suyo. Durante quince años no tuve tiempo para mí. Muy de vez en cuando le pedía algo a mi marido, pero llegó un momento en que dejó de merecer la pena. Siempre me miraba como si estuviese siendo completamente irrazonable, como si estuviera pidiendo demasiado.

»Al principio, cuando empecé la terapia, él me apoyaba, hasta que descubrí que yo también tenía necesidades. Entonces, toda mi familia se volvió en mi contra. Mi marido se puso de parte de mi madre y tanto él como mi hija intentaron convencerme de que no siguiera yendo a las sesiones. Por primera vez en mi vida me enfadé; todos se comportaban como si yo estuviera loca.

»Fue duro seguir con la terapia. Me dolió mucho lo que me hicieron. Durante quince años yo me había entregado a ellos por completo. Les di tanto que ni siquiera tenía un ser propio. Y, entonces, cuando por fin empezaba a desarrollarlo, luchaban contra mí. No querían que yo cambiara. Querían que siguiera viviendo sólo para ellos.

»¿Sabéis qué? Nunca me veneraron por entregarles todo. Me trataban más como una sirvienta tonta que como una madre y esposa respetada. Cuando lo recuerdo, me reafirmo en seguir adelante, aunque estén tan en contra. Ahora no pienso dejar que nadie me detenga. Aunque sean las personas que más quiero en el mundo».

La historia de Carla

«Antes de casarnos, Phil siempre se quedaba deseoso de estar conmigo. Quería estar conmigo en cada momento posible. Me llamaba desde el trabajo un par de veces al día. Me decía que envidiaba el tiempo que pasaba yendo de compras con mis amigas o trabajando hasta tarde para entregar un trabajo a tiempo. Me sentía tan querida. No veía que pudiera suponer un problema.

»Mi padre era un borracho y mi madre era una tirada, así que realmente era una sensación maravillosa tener por fin a alguien tan entusiasmado conmigo. Phil me mandaba flores cada semana. Me compraba camisones bonitos y caros. Todo eso captó mi atención.

»A mis amigas les daba envidia. Todas llevaban casadas ya un tiempo y se quejaban de que, aunque se pasearan desnudas delante del televisor, no conseguían captar la atención de sus maridos, especialmente si estaban viendo algún partido.

»Phil y yo nos casamos. Entonces empezó a criticar mi trabajo. Decía que me apartaba de él. Si yo no trabajase, podría comer con él un par de veces a la semana, podríamos estar juntos en cuanto él llegara a casa y siempre podría localizarme cuando me llamara. (Se ponía furioso cuando estaba fuera de la oficina con mi jefe y no podía localizarme. Estaba celoso de mi jefe, el pobre, un osito de peluche canoso y paternal.)

»A mí me gustaba mi trabajo. Me gustaba mi jefe. Me gustaba trabajar y tener mi propio dinero. Pero Phil me presionaba tanto que, finalmente, cedí y lo dejé. Y, entonces, me encontré con que no sabía qué hacer conmigo misma, con todo el tiempo que tenía libre. Hacer compras y cocinar tiene un límite.

»Hacía platos muy elaborados. A Phil le encantaba. Se pasaba alabándome toda la noche. Pero incluso eso llegó a ser aburrido. Empecé a tener una postura cínica respecto a su entusiasmo hacia mí, que sólo me hacía sentir como una idiota. De modo que tenía a un hombre que me adoraba y yo lo que hacía era mirarle con desconfianza.

»Tenía que hacer algo o iba a volverme loca. En aquel momento, el cura de nuestra parroquia hablaba de su proyecto de comprar una casa y dedicarla a hogar de acogida para adolescentes embarazadas, para darles una alternativa al aborto. Él pensaba que, si lo hacíamos atractivo, si cogíamos buenos empleados y ofrecíamos algún tipo de cursillos o de becas de estudios, las chicas podrían aprovechar el tiempo de su embarazo para centrar sus vidas.

»Me encantó la idea y me ofrecí voluntaria para trabajar con él. Cuando se lo dije a Phil, se puso furioso. Yo no lo entendía. Le aseguré que tendría cuidado de trabajar sólo durante su horario laboral y que estaría de vuelta en casa antes de que él llegara. Pero entonces la rabia se apoderó de mí y le dije: «No te preocupes, tendrás tu comida de *gourmet* sobre la mesa como de costumbre.»

»Me dio un revés. No me lo podía creer. Estaba atónita. Al principio simplemente me quedé mirándolo, y luego caminé despacio por el pasillo y me encerré en el baño. Se quedó fuera del baño suplicándome que saliera. Me dijo que era su luna y sus estrellas, que me llevaría al restaurante que yo quisiera, fuera lo caro que fuese.

»Antes de abrir la puerta, le hice prometerme que no volvería a pegarme jamás.

«Te lo digo de rodillas –dijo–. Te lo prometo con todo mi corazón.

»Abrí la puerta y estaba de rodillas en la moqueta. Me llegó al corazón. Nadie me había querido nunca tanto.

»Así que entonces me llevó a cenar y cuando el camarero estaba retirando la mesa, Phil me cogió la mano. "Querida –me dijo–, quiero que entiendas por qué me comporté de la manera que lo hice. No me opongo a que trabajes en ese proyecto. Es una idea maravillosa.

Pero deberías habérmelo consultado primero. ¿Qué pasaría si a mí me hiciera falta tu ayuda para algo? Tendrías que romper tu compromiso con el cura. Desde ahora en adelante, consúltame primero cuando quieras hacer algo. Si lo haces, todo irá bien."

»Algo en aquellas palabras no me sentó bien, pero todo parecía tan sencillo. Prometí que lo haría. A mí no me costaba nada consultarle y para él era muy importante.

»Durante un tiempo, las cosas fueron bien. El padre Mike y yo encontramos una gran casa y tuvimos suficientes donativos para poder comprarla. Varias familias trabajaron juntas para arreglarla y pintarla. Phil, por supuesto, estuvo allí todo el tiempo. Puede hacer cualquier cosa: poner la instalación eléctrica, las tuberías, la calefacción... Estaba muy orgullosa de lo dispuesto que estaba él a aportar sus energías al proyecto. Después de todo, aquella no era su iglesia original, se había convertido a la mía porque significaba mucho para mí.

»Sólo teníamos problemas cuando él llegaba a casa antes que yo. Me convertí en una experta en simular que estaba esperando a que llegara a casa. Antes de irme por las mañanas ponía la mesa y dejaba la comida prácticamente hecha. A veces hasta la metía en el horno con el temporizador.

»Más de un día cruzaba la ciudad volando, me zambullía en el garaje, entraba como una bala en la casa, escondía mi abrigo en la despensa y, cuando me estaba atando el delantal, él entraba por la puerta. Entonces, un día sucedió una cosa curiosa. Llegué después que él, pero la carne estaba ya chisporroteando en el horno y había un olor delicioso en la casa. Entré por la puerta con una bolsa pequeña en la mano, unos rábanos que había comprado aquella mañana. Él tenía una expresión siniestra en la cara, pero cuando vio la bolsa dijo: «Oh, has tenido que salir a por algo.»

»No soy tonta. Aproveché la ocasión y le seguí el juego. Le dije que se me habían olvidado los rábanos.

»Fue cortés. Me cogió el abrigo y entré en la cocina, como quien dice, pasándome la mano por la frente. Al día siguiente fui a tres tiendas y compré una cosa en cada una: una bolsa de picatostes, un tarro de perejil seco... cosas que podía guardar en mi coche y entrar con ellas si volvía a llegar tarde. Funcionó a las mil maravillas. Cogí ante él la reputación de ser un poco olvidadiza, y lo mencionaba en divertidas historias que les contaba a nuestros amigos. Yo sonreía mientras pensaba por dentro que aquel precio que tenía que pagar valía la pena. No sé por qué no tenía importancia que llegara tarde por habérseme olvidado algo y, sin embargo, que fuera un desastre que llegara tarde por haber estado trabajando en Horizon House.

»En lo sexual, me ocurrió una cosa extraña. Antes de estar casados, me sentía muy atraída por él. Aparte de su pelo y sus ojos oscuros, tenía pasión y entusiasmo por las cosas. Al principio era emocionante sentir toda aquella pasión dirigida hacia mí. Ni siquiera soy capaz de describir cómo me sentía, cuando estábamos recién casados, al verle acercarse hacia mí con aquel brillo intenso en la mirada. Me sentía como la reina del mundo. Era un amante magistral. Era obvio que su mayor placer era darme placer a mí.

»Estando las cosas así, no entiendo por qué comencé a enfriarme. Supongo que todo empezó cuando dejé mi trabajo. Al principio me sentía un poco alejada de él. Me acariciaba el hombro y yo casi ni lo sentía. Me interesaba menos hacer el amor.

»Cuando miro hacia atrás, creo que realmente la cosa empezó a empeorar cuando comenzó a contar aquellas historias sobre lo olvidadiza que era. Empecé a fingir en la cama. Tenía que forzarme a mí misma para estar presente.

»Entonces ocurrió otra cosa. Tenía que ver con la elección del nuevo alcalde. A Phil le gustaba Ken White para alcalde, pero yo ya había decidido votar a Edgar Hambidge. Así que cuando Phil me preguntó qué pensaba de Ken White, se lo dije. Le dije que me gustaba Edgar Hambidge. Había hecho un trabajo responsable en la junta escolar. Le conté que lo había conocido y que me había dado la impresión de que no era todo palabrería. Su mujer era una persona directa y no una de esas mujeres de político con una mirada en los ojos como la de un perro atado a una valla. Me centré en el tema. Creo que Phil nunca me había preguntado hasta entonces mi opinión sobre algo.

»Estaba disfrutando tanto que no me di cuenta de lo que le estaba pasando a la cara de Phil. Cuando finalmente apareció el brillo tenebroso en sus ojos, cambié la canción: «Pero, claro, Ken White es un hombre muy agradable.»

»Resulta extraño, pero creo que esa sola frase fue la que me salvó. No podría deciros de qué. La cara de Phil se relajó un poco y me di cuenta de que me había salvado por los pelos. Pero, desde aquel día hasta las elecciones, la vida fue una batalla. Phil no podía dejar pasar un momento sin ensalzar las virtudes de Ken White. Traía panfletos a casa y contaba historias. Aunque no podáis creerlo, incluso me llevó al despacho de Ken y me lo presentó.

»Al principio, yo escuchaba y hacía algún comentario como: «Edgar ha hecho esto, o aquello». No me causaba ningún problema, pero, después, Phil enumeraba veinticinco cosas que había hecho Ken. Tres días antes de las elecciones, me preguntó a quién iba a votar.

»Le contesté que a Edgar Hambidge, y se puso furioso. Me dijo: «Eso es una estupidez. Ken White es obviamente el hombre perfecto para el puesto.»

»El día siguiente y el día después del siguiente, volvió a preguntarme. Le dije la verdad. Cada vez se ponía hecho un basilisco. Para cuando llegó el día de las elecciones, no paraba de despotricar y volvió a preguntarme.

»No estoy orgullosa de ello, pero le dije que había decidido votar a Ken White. Estaba jubiloso. Me llevó a las elecciones. De vuelta a casa, paró a comprarme unas flores. Nunca le dije que, en realidad, había votado a Edgar Hambidge. Y nunca volví a mostrarme en desacuerdo con él sobre un candidato político, aunque seguía votando a quien quería.

»Ken White ganó las elecciones. Phil les contó a nuestros amigos que yo formaba parte del equipo ganador. Y no sé por qué me afectó, pero lo hizo. Nunca me gustó que la gente pensara que había apoyado a White; creo que es un sinvergüenza. Después de aquello fue cuando realmente empecé a tener problemas sexuales con Phil.

»El padre Mike me pidió que le ayudara a decorar Horizon House. Me encanta hacer cosas como ésa. Para ser cura, el padre tiene buen gusto. Lo pasamos bien pensando cómo darle un poco de gracia a las cosas que la gente había donado. No me entendáis mal. La gente fue generosa, pero algunas cosas, admitámoslo, habrían tenido que pagar para que alguien se las llevara.

»El padre Mike y yo decidimos qué podía salvarse, qué necesitaba restauración, qué iría dónde, y luego fuimos a las tiendas a buscar cosas para completar lo que faltaba. Compramos alfombras y tela para hacer cortinas y retapizar.

»Un día fuimos a la tienda de Owen a comprar sábanas. El padre Mike tenía los brazos llenos de bolsas y yo lo miraba, imaginándome lo que lo parecíamos a los demás. Un cura con alzacuellos con una mujer joven, relativamente atractiva, en la sección de ropa de cama, cargando con sábanas. Me pareció gracioso. Empecé a reírme y también lo hizo el padre Mike. Para ser cura, se pasan ratos realmente divertidos con él.

»Aquel día llegué a casa temprano. No tuve que cruzar la ciudad como una loca, y estaba relajada y feliz cuando llegué a casa. Entré por la puerta y me llevé un puñetazo en la cabeza. Recuerdo haber pensado cuando caía al suelo que debía haber sorprendido a algún ladrón. Así que me llevé una sorpresa cuando, al mirar hacia arriba, vi a Phil.

«¿Qué haces? –exclamé–. Soy yo. —Pensaba qué él había creído que yo era un ladrón.

»Me contestó: "Tal vez no te conozco en absoluto". Entonces se agachó, me levantó y volvió a golpearme.

Me llevó varios minutos asimilar que me estaba pegando a propósito, que sabía que era yo.

»Por sus gritos conseguí deducir que nos había visto en Owen's. Así que empecé a explicarle. Pensé que si conocía los hechos, dejaría de pegarme. Incluso después de caer en la cuenta de que estaba celoso del padre Mike, intenté razonar con él. De repente me di cuenta de que la razón no tenía nada que ver con aquello.

»Hice una maniobra para situarme entre la puerta y él y me eché hacia atrás poco a poco. Luego salí corriendo por la puerta hasta mi coche. Tenía las llaves en el bolsillo, pero no mi monedero.

»Me persiguió, pero conseguí meterme en el coche y echar el pestillo. Entonces intentó cerrarme la puerta del garaje cuando salía de él. Casi lo consigue. La puerta del garaje arrancó la pintura del techo del coche, así de justa estuvo la cosa.

»Al principio solamente conduje. Estaba muda. Iba sin rumbo. Me daba vergüenza acudir al padre Mike. No quería contárselo a nadie. Al final, de alguna forma (no sé cómo llegué allí), acabé en la casa de mi mejor amiga.

»Estaba en estado de *shock*, completamente incapaz de tomar una decisión sobre qué hacer. Me llevó un par de días recuperarme de la conciencia de que mi marido me pegaba, de que, de no haber huido, me habría encerrado en el garaje por haberme divertido de forma inocente.

»Mi amiga me cuidó durante una semana. Escondió mi coche en su garaje y me ayudó a encontrar a un terapeuta. Me acompañó a mi primera reunión de Codependientes Anónimos.

»En un momento dado, alguien en la reunión empezó a contar que ya no sentía atracción sexual hacia su marido. Por su propio bien tenía que estar tan comedida emocionalmente que tampoco era capaz de abrirse sexualmente. Me sentí muy aliviada cuando dijo aquello. A mí también me había sucedido. Es extraño, pero nunca se me había ocurrido hablar del tema sexual con nadie. Pensaba que había algo en mí que no iba bien y que por eso no era capaz de corresponder a Phil cuando él era un amante tan atento. Pero ahora finalmente comprendo que mi cuerpo es muy sabio, que sabía que había cosas que no iban bien en nuestra relación antes de que lo supiera mi mente. No sabía que debía escuchar a mi cuerpo, pero ahora sí lo sé. Me dice que ya no quiero estar con Phil.

»He visto en la televisión películas en las que las mujeres aguantan a sus maridos durante años y años, promesa rota tras promesa rota, y la cosa sólo va a peor. Yo no voy a pasar por eso.

»Phil utilizó todos sus recursos para hacerme volver: un viaje a Hawai, una nueva casa, dinero para la iglesia... Prometió que no volvería a pegarme nunca. Las mujeres de mi grupo de apoyo ya habían comentado todo eso, el cebo que sus maridos utilizaron para hacerlas volver, y supe que no quería cambiar mi creencia en mí misma por nada. Vi lo acobardadas que se habían vuelto algunas de aquellas mujeres, asustadas hasta de su sombra. Eso no me va a ocurrir a mí.

»No obstante, he perdido mucho. Pienso en lo risueña que era cuando me casé con Phil. Era tan inocente. Recuerdo tener veinte años y mirar a las mujeres de cuarenta y cincuenta años de mi vecindario. Eran escépticas y cínicas sobre los hombres. Desbordaban advertencias y yo pensaba: «Viejas brujas, sólo decís eso porque no confiáis en nadie. Yo nunca voy a ser así.»

»Me doy cuenta ahora de que la experiencia es lo que les enseñó a ser así. Miro a mi alrededor y no veo a ninguna mujer de cuarenta años que tenga el inocente entusiasmo sobre los hombres que tenía con veinte años. La experiencia nos ha enseñado a todas.»

Tú eres yo

Cuando una pareja se vuelve dependiente, es decir, cuando las individualidades de cada miembro de la pareja se sacrifican a la relación, tanto los individuos como la pareja sufren las consecuencias. Algunas veces, como en el caso de Carla, uno de los dos miembros fuerza al otro para que renuncie a sus propias opiniones, perspectivas y preferencias, y otras, como describió Donna, uno de los miembros adopta voluntariamente los puntos de vista e ideas del otro.

Si hay que pasarse la infancia intentando sobrevivir, entonces queda poca energía para desarrollar una conciencia independiente de uno mismo. Así pues, es probable que una persona que haya tenido una infancia semejante, entre en el matrimonio siendo una persona incompleta. Será vulnerable a absorber las perspectivas, ideas y actitudes de su pareja y adoptarlas como propias.

Al principio, esto podría gustar a los dos miembros de la pareja. Ella se sentiría más fuerte al tener unas ideas que no tenía antes y él se sentiría muy importante por habérselas dado y porque a ella le gustaran lo suficiente como para adoptarlas como propias; eso resulta muy halagador. Sin embargo, ¿qué pasaría más tarde, cuando ella estuviera en desacuerdo con él? Alteraría el equilibrio del matrimonio. Ella estaría cambiando un patrón establecido y él podría pensar que ella estaba atacando su manera de pensar.

Quién dirige realmente las cosas

Cuando una de las personas de la relación se ve a sí misma como la que marca los límites y la que decide todo, ocurre un sutil cambio. Esa persona empieza a verse más poderosa y valiosa. Cualquiera que haya trabajado en servicios sociales sabe qué se siente.

Durante mi trabajo en un hospital, me di cuenta de quién llevaba realmente el lugar: las enfermeras. Ellas seguían una continuidad, sabían lo que estaba pasando, estaban sintonizadas con los pacientes, mantenían las operativas en funcionamiento. ¿Quién se llevaba la paga y la estima? Los médicos. Ellos entraban corriendo, veían a cuatro pacientes en una hora, garabateaban algunas cosas en una tabla y se marchaban. Tenían el poder de tomar decisiones, la responsabilidad última (y altas primas de seguro), y se llevaban la gloria y el dinero.

¿Quiénes llevan las oficinas? Las secretarias. No he hablado con mi agente de seguros desde hace dos años. Su secretaria es la que actualiza las pólizas, hace las nuevas y calcula mis impuestos. ¿Quién se lleva el dinero?

El agente de seguros. Él contrató a la secretaria. Le da órdenes mientras sale corriendo para irse a comer.

El mismo fenómeno ocurre en los matrimonios. Si uno de los miembros de la pareja es el que piensa por los dos y toma las decisiones, entonces ese miembro (por ejemplo el marido) se verá a sí mismo como más poderoso e importante, incluso si su mujer es la que hace que siga el espectáculo. Este desequilibrio puede hacer que el miembro de la pareja que hace de apoyo se sienta cada vez menos importante, menos seguro de su valía y del valor de sus ideas, más dependiente del otro y más enganchado.

En muchos matrimonios, se considera al hombre como el cabeza de familia y a la mujer como la compañera que ha de someterse a él. Pensaba que esto se había acabado hacía ya tiempo, pero estaba equivocada. Muchas mujeres forman matrimonios en los que tanto el marido como ellas piensan que el hombre es el que tiene que tomar las decisiones y que la mujer debe seguirle. Algunos utilizan la Biblia para justificar esta idea.

La Biblia dice que el hombre es la cabeza espiritual de la familia y define muy claramente las responsabilidades del hombre para con su mujer (Efesios, 5:25-33), no sólo las de ella hacia él. Me he dado cuenta de que cuando los hombres recurren a la Biblia para justificarse con este asunto, parecen olvidar que también aparece recogida en ella una descripción de la labor que ellos deben desempeñar. La Biblia no dice que las mujeres deban dejar de pensar. De hecho, todas las mujeres memorables de la Biblia eran grandes pensadoras cargadas de opiniones, a veces polemizadoras y a menudo nada temerosas de desafiar incluso a Dios.

No es posible conocer a una persona dependiente

Obviamente, cuando hay demasiada distancia en una pareja, eso conduce a un enfriamiento del interés romántico. Sorprendentemente, la dependencia puede hacer lo mismo. Veamos por qué. Recuerda que la dependencia puede dar sensación de cercanía pero, en realidad, no es así. La dependencia implica que la individualidad de alguien está siendo aplastada. No es posible conocer a una persona dependiente.

Phil parecía muy apasionado por Carla. Sin embargo, lo cierto es que no la conocía. No quería que los pensamientos de ella se centraran en ninguna otra cosa que no fuera él. Quería que las opiniones de ella fueran un eco de las suyas propias. Quería controlar sus decisiones y luchó activamente para separarla de la gente, del trabajo y de las ideas que pudieran distraer su atención sobre él. Esta clase de atención obsesiva con una persona es engañosa. Al principio Carla sentía que era el centro del mundo de Phil. Sin embargo, la verdad que salió a la luz es que la *imagen* que Phil tenía de ella era el centro de su mundo y, cuando la verdadera Carla se desviaba de esa imagen, la rechazaba. No es de extrañar que ella perdiese la sensibilidad a sus caricias. Él no tocaba a Carla, tocaba a una imagen de ella.

La verdadera intimidad, aquella en la que se conoce bien a las personas, conduce a la cercanía emocional y, fácilmente, a la cercanía física.

La historia de Phil

Cuando me casé con Carla, pensé que me había llevado la flor más dulce sobre la faz de la tierra. Era tan fresca, sonrosada y tímida. Nada que ver con mi madre, que podía detener a un tanque Sherman si se lo proponía.

Le encantaba oírme hablar. Y, lo admito, a mí me gustaba que lo hiciera. ¿Cuándo me habían escuchado a mí mis padres?

La veneraba. Era como una reina para mí, lo máximo en cuanto a gracia femenina se refiere. Quería comprarle de todo. Quería darle ropa bonita, la mejor casa, cualquier cosa que ella quisiera.

No era necesario que ella trabajara. ¿Por qué tenía que consumirse en un trabajo que no tenía mayor importancia? Yo gano tres veces más que ella. Podía quedarse en casa y yo cuidaría de ella. Yo, por mi parte, no necesito demasiado: una comida caliente al llegar a casa; entrar por la puerta y ver su maravillosa carita. Esperaba todo el día a que llegara ese momento. ¿Es mucho pedir?

De verdad, eso es todo lo que pedía de ella: que estuviera en casa cuando yo llegara; tener la cena preparada; que me dejara hacerle el amor. Que alguien por favor me explique qué hay de malo en ello.

¿No comprendéis lo mucho que la quiero? La quiero más que a la vida misma. Daría gustoso mi vida por ella.

Nunca quise pegarle. Quería cortarme la mano después de hacerlo. Me horrorizó. No soy uno de esos hombres que piensan que su mujer se merece una paliza.

Sin embargo, quisiera que me entendierais. Había entrado en Owen's a comprarle un regalo a ella. Todos mis pensamientos están siempre en ella. Le soy absolutamente fiel. Ni siquiera miraría a otra mujer.

En fin, me encaminaba a la sección de lencería, que está al otro lado de la sección de ropa de cama. Miré hacia allí y vi a aquella bonita mujer riendo. Estaba tan alegre que pensé en lo afortunado que era el hombre que estaba con ella, por darle tanta felicidad. Cuando vi que era Carla me puse como loco. ¿Es que nadie puede entender eso? Si hiciera falta, compraría Kentucky para conseguir sacarle yo esa expresión. ¿Que había otro hombre, aunque fuera cura, que le daba eso? No. No podía soportarlo. Ella es mía y sólo mía.

No entiendo qué problema hay con el tema de las elecciones. Simplemente estaba intentando evitar que Carla cometiera un error. Ella no conoce a esos tipos como yo. Ken White es un miembro de mi club. Es un gran tipo. Es beneficioso para nosotros conocer a gente en la Administración.

No me creo que ella haya perdido interés en hacer el amor. Cuando nos casamos, ella era increíble: fresca, inocente y también apasionada. Necesito expresar mi amor por ella de todas las formas posibles, físicamente también, además de con palabras y actos.

El terapeuta me preguntó si yo conocía la forma de pensar de Carla. Si conocía sus intereses. Puedo contestar a eso. A ella le gusta tener la casa limpia. Le gusta cocinar. Le gusta estar atractiva para mí. Es una auténtica dama, al buen viejo estilo. Le gusta estar activa.

Es una anfitriona fantástica. Cualquiera podría contarte lo bien que se lo pasan cuando vienen a casa a cenar. Ella sabe cómo hacer que la gente se sienta cómoda, hacer que se sientan bienvenidos. Yo siempre estaba muy orgulloso de estar con ella. Pasábamos muchas noches maravillosas, los dos solos. Yo leía o hablaba y ella bordaba y escuchaba. ¿Qué es lo que me habías preguntado? Ah, sí, por sus intereses, eso es. Le gusta invitar a los amigos a casa y hacer manualidades.

¿Queréis que os cuente más acerca de ella? ¿Qué importa? Lo que importa es que la quiero. Haría cualquier cosa por ella. Eso es lo más importante del mundo. Nada más cuenta.

¿Puede salvarse este matrimonio?

Tal vez. Siempre supone un problema para la relación que uno de sus miembros se aferre a un estricto punto de vista sobre las cosas y sea incapaz de aceptar una perspectiva alternativa.

Es muy cómodo creer que sólo hay una manera de ver las cosas y que no existe nada más aparte de ese enfoque. Si Phil no lo conoce, no existe. Punto y sanseacabó. Puede que realmente ame a Carla lo suficiente como para romper su rígido esquema, o tal vez encuentre otra mujer a la que venerar (y controlar) y seguir por la vida sin conocerse a sí mismo.

Su relación muestra bien a las claras la diferencia entre un apasionamiento dependiente y una verdadera intimidad.

Así pues, la cercanía deseada en una relación de pareja implica intimidad emocional y física, conocerse bien el uno al otro entendiendo la manera de ver las cosas de la parte contraria, y ser conscientes de las diferencias y coincidencias en las perspectivas, opiniones, actitudes, preferencias, ideales, valores y metas de ambos. Esta intimidad incluye la libertad de estar en desacuerdo, el querer cosas diferentes y tener necesidades distintas.

¿Qué pasa si hay demasiadas diferencias? ¿Qué podría considerarse demasiada distancia en una relación de pareja?

La falta de intimidad conlleva no ser conocido

No hablar de los temas importantes es una de las causas que produce demasiada distancia en una relación. Si la intimidad implica que el otro nos conozca, la falta de intimidad proviene de no ser conocido. Si la pareja no habla de sus problemas, sentimientos, necesidades y deseos, se sentirán menos conocidos por el otro y la distancia crecerá entre ellos.

La distancia también aparece cuando uno de los miembros de la pareja es frío o está emocionalmente retraído, cuando se hace inaccesible a su pareja, cuando le da prioridad al trabajo, al alcohol, a las drogas, a comprar cosas o a progresar, o cuando deja que el estrés le supere tanto que sea incapaz de salir de sí mismo para ver al otro.

¿Por qué podría ser un marido frío con su mujer? Si de niño le enseñaron a no tomar en cuenta los sentimientos, entonces le enseñaron a estar desconectado de sí mismo. Recuerda, los límites emocionales se desarrollan a medida que nos conocemos a nosotros mismos y a nuestros sentimientos. Si a un niño le enseñan a ignorar su yo interior, no se desarrollará.

¿Cómo puede volver un hombre a casa de la oficina y desahogarse contando todas sus ansiedades si no se le ha enseñado a estar en contacto con ellas? Esa parte de sí mismo fue tapiada hace mucho tiempo. Tal vez ni siquiera sepa que existe.

Sentir o no sentir

A menudo, las mujeres tienen que hacer el pino para conseguir que los hombres hablen de sus sentimientos. Pero, por el poco resultado que les da, es como si hablaran en chino. Entonces, si se ponen demasiado emotivas, les recuerdan a los hombres la razón precisa por la que habían aparcado sus sentimientos en primer lugar: son un follón, te hacen perder el control. Tener sentimientos o no tenerlos se convierte en una dura lucha, una lucha que polariza a más de una pareja.

A los niños pequeños se les enseña a menudo que su valía reside en lo que sean capaces de hacer, no en quiénes son. Así pues, se centran en hacer, no en ser, y crecen refugiándose en la actividad.

Cuando una persona no conoce sus sentimientos ni tiene formas sanas de manejarlos, es vulnerable a cualquier cosa que los mantenga contenidos: el alcohol, las drogas, la comida, el trabajo excesivo, el estrés, las compras compulsivas o las aficiones compulsivas.

¿Cuál es la solución? Obtener ayuda profesional para aprender las habilidades que no se aprendieron de niño.

Los terapeutas, las clases y los programas anónimos ofrecen todos ellos formas de descubrir el yo escondido, formas constructivas de ponerse de nuevo en contacto con los sentimientos. Con ayuda, se pueden tener sentimientos duros de forma segura, sin estrellarnos ni hacerle daño a otra persona, hasta que se esté preparado para hacerlo solo.

Una esposa no es la persona más indicada para enseñarle a su marido cómo sentir. Los demás aspectos del matrimonio sabotearán el proceso y ninguno de los dos saldrá de ello iluminado.

Tus habitaciones y las mías

La distancia en la pareja también puede surgir si los miembros son muy diferentes el uno del otro. Hace falta una excelente comunicación y unos límites muy claros para que, habiendo muchas diferencias, se logre intimidad.

(Aunque, si te asusta la intimidad, puedes elegir a propósito a alguien muy diferente de ti. La distancia vendrá incorporada a la relación y las luchas consiguientes os mantendrán ocupados a los dos. Estaréis tan apasionados con ellas que no os daréis cuenta de que no tenéis intimidad.)

Si tu meta en la vida es acumular cuantas más posesiones sea posible y la mía vivir de forma sencilla sin tener dependencia de las cosas, tendremos que tener unos límites muy intactos para evitar que esta diferencia cause problemas en la relación. Tus cosas podrían resultar una amenaza para el espacio que yo necesito para sentirme cómodo.

Tal vez necesitemos dividir la casa en tus habitaciones y las mías, para que cada uno nos sintamos libres para disponer nuestro espacio físico y visual como más se ajusta a nuestras necesidades. Cada uno tendremos que trabajar en aceptar que los valores del otro son perfectamente válidos y que no tienen nada que ver con los nuestros, así como los nuestros están bien y no dicen nada sobre el otro.

Tener intimidad lleva mucho trabajo

Una relación de pareja posibilita la mayor intimidad física y emocional posible. Esta intimidad surge a medida que los compañeros aumentan el conocimiento y la aceptación el uno del otro. El equilibrio entre una cercanía y una lejanía adecuadas es difícil de hallar.

Con demasiada distancia, los miembros de la pareja empiezan a llevar vidas separadas en mundos separados. Desarrollan lenguajes y componentes diferentes. Disminuye la satisfacción sexual.

Con dependencia, al menos uno de los miembros de la pareja pierde su individualidad, y la otra persona puede que le pierda respeto. Ambos podrían perder la pista a la singularidad del otro. Disminuye la satisfacción sexual.

Así pues, el matrimonio es un proceso que reta a dos personas a desarrollar su individualidad en el contexto de la intimidad. Este proceso es delicado, difícil y lento. El mito establece que cuando se dicen los votos matrimoniales, la intimidad inmediatamente ocupa su lugar y le conduce a uno hacia delante, como esas cintas transportadoras de los aeropuertos, pero lo cierto es que la intimidad supone mucho trabajo y debe buscarse deliberadamente. Veremos más acerca de la intimidad en el capítulo 9.

Amistades

¿Cuál es el grado apropiado de cercanía entre amigos? En cierto modo podría decirse que no hay límite. Una amistad puede basarse en ir al cine juntos una vez al mes o en compartir los secretos más oscuros dos veces al día.

Entre amigos, es posible una gran cercanía emocional. Al igual que en el matrimonio, las claves para conseguirla son la comunicación y el conocerse. A veces, la cercanía física es un elemento que forma parte de la relación. Los amigos pueden abrazarse y cogerse unos a otros de una forma no sexual que da calidez y confort.

La intimidad sexual (no sólo los actos sexuales, sino hablar de la atracción sexual que uno siente hacia el otro) generalmente cambia los límites de la relación. El sexo no provisto de intimidad emocional deja un vacío. A no ser que ese vacío se llene con una intimidad emocional progresiva, la relación, y probablemente los participantes, sufrirán.

La revolución sexual, una reacción contra el victorianismo pertinaz de los Estados Unidos, llevó el contacto sexual hasta las relaciones entre simples conocidos. Las críticas contra la sexualidad fueron en un momento dado tan extensas que se suponía que las mujeres no debían disfrutar del sexo ni siquiera durante el matrimonio. Y, desde luego, no podían hablar sobre ello.

El péndulo se ha movido tanto en la dirección opuesta que ahora los chicos en el instituto tienen relaciones sexuales con compañeros que apenas conocen.

Una de las consecuencias del SIDA es que hemos tenido que aprender a las malas responsabilidad sexual. Ahora vemos que la experiencia sexual supone implicación, y resulta doloroso cuando nos implicamos con gente que, después, sigue comportándose de forma superficial con nosotros.

Así que la amistad ofrece una tremenda gama de cercanía y distancia aceptables. Una relación se moverá hacia una mayor cercanía si los participantes se dejan conocer y están abiertos a conocer a la otra persona.

La intimidad física puede ser sexual y no sexual; la no sexual puede resultar enriquecedora y reconfortante; la sexual cambia la dinámica de la relación. Si va precedida de intimidad emocional y de la habilidad de comunicar las cosas difíciles, puede beneficiar a la relación. Si la intimidad sexual no está basada en una cercanía emocional y una comunicación eficiente, puede producir problemas en la relación, dolor y rechazo.

Los padres y los hijos

Los niños necesitan mucho de sus padres además de comida, ropa, un hogar y seguridad. Necesitan que sus padres se interesen por ellos, les guíen, les den cariño, se preocupen por ellos y les ofrezcan un contacto físico seguro.

La atención de los padres hacia el niño hace que éste desarrolle límites. El interés de los padres por sus actividades hace que valore lo que es capaz de hacer; el interés por lo que piensa le ayuda a ampliar la conciencia de sus propios procesos mentales; la orientación le ayuda a darse cuenta de que hay ciertas opciones que son superiores a otras, un aspecto esencial en el desarrollo de los límites; la preocupación le comunica un límite: que se está acercando a un tope; el cariño físico le indica que pertenece a algo, que pertenece a una unidad, le ayuda a desarrollar la frontera que separa el «nosotros» del «no-nosotros».

Tanto la excesiva distancia como la excesiva cercanía entre padres e hijos conduce a problemas. Para un niño, demasiada distancia supone abandono y negligencia emocional. Demasiada cercanía (dependencia) evita que el niño desarrolle su propia individualidad y puede provocar en él el sentimiento de que es responsable del bienestar de sus padres.

La distancia enfría el corazón

¿Por qué son algunas personas emocionalmente distantes? ¿Por qué habrían de ser los padres, especialmente, distantes con sus hijos? ¿Por qué acude un padre a su hija para atender sus propias necesidades? ¿Acaso no está claro que es ella quien le necesita?

La gente puede necesitar gran distancia emocional o, por el contrario, dependencia, por una gran cantidad de razones: por la influencia de los padres, por una dependencia química, por el alto nivel de estrés, por necesidades no satisfechas o por la incapacidad para protegerse a uno mismo.

CRIAMOS A LOS HIJOS DE LA MISMA FORMA QUE NOS CRIARON A NOSOTROS

Es muy probable que los padres críen a sus hijos de la misma forma que les criaron a ellos, a no ser que hayan aprendido una forma diferente de hacerlo y que sus necesidades fueran atendidas en su día. ¿Cómo puede un padre crear intimidad si lo único que ha conocido es distancia? ¿Cómo puede marcar unos límites si lo único que ha vivido es una relación de dependencia?

La intimidad requiere que conozcamos nuestros sentimientos y nuestras necesidades, que los comuniquemos y que entendamos cómo conseguir que sean atendidos. Debemos saber cómo solucionar los desacuerdos, cómo manejar los enfados, cómo tener equilibrio y ser capaces de respetar los distintos sentimientos, necesidades, pensamientos y reacciones de los demás. Tanto con padres distantes como con padres dependientes, probablemente habremos estado expuestos sólo de una forma limitada al aprendizaje de estas habilidades.

Los padres distantes aportan un contacto emocional demasiado escaso. Los niños reciben un reflejo, una orientación, una cercanía o una respuesta insuficientes para desarrollar una conciencia de su yo emocional. Por otra parte, un hijo de padres dependientes acaba lleno no de sus propios sentimientos, pensamientos y valores, sino de los de ellos.

Cuando unos niños así llegan a ser padres, tienden a ejercer como tales de una forma similar a como actuaron con ellos, o bien de forma reactiva. Por ejemplo, una hija de padres retraídos podría llegar a ser una madre distante o, por el contrario, podría meterse demasiado en la vida de sus hijos. Podría suceder que quisiera protegerles tanto de la frialdad que ella sufrió durante su desarrollo que, sin darse cuenta, se volviera dependiente de ellos, privándoles de su individualidad.

Cuando nos convertimos en padres somos vulnerables a ser copias de los nuestros, lo opuesto a ellos o una complicada combinación de ambas cosas.

La historia de Laura

Desde que era pequeña, me entrenaron para atender las necesidades de los demás. Mi abuela dedicaba una gran cantidad de tiempo como voluntaria en valiosos servicios de caridad. De hecho, durante mi época de crecimiento, estuvo mucho tiempo ausente.

Al observarla y al estar tan sola, aprendí desde muy pronto que yo existía para servir a los demás. Mi tarea particular era atender las necesidades de mi madre. Tenía que protegerla y guardarle los secretos para que mis abuelos no los descubrieran.

Cuando me quedé embarazada, sólo podía pensar en lo que el bebé me daría. Pensaba en él como en algo que era para mí, en alguien que sería mío, que me daría una familia. Era mucho pedir de alguien que pesaba menos que una bolsa de manzanas.

Murió en el parto, pero ahora me doy cuenta del tipo de madre que habría sido. Habría esperado que mi hija atendiera mis necesidades. No había recibido jamás ninguna información sobre la crianza de los hijos, a pesar de que tuve una buena educación y que fui buena estudiante en el colegio.

Me doy cuenta de que habría dicho cosas como: «Ahora no, más tarde.» «No me molestes, ¿no ves que estoy ocupada?» «Tráeme los cigarrillos.» Sé que me habría sentido presionada por sus necesidades. A mí no me atendieron las mías. ¿Cómo demonios iba yo a haber atendido las suyas?

No es el trabajo del niño

¿Cómo pueden los padres atender las necesidades emocionales de sus hijos si las suyas propias están insatisfechas? A pesar de ello, hay algunos padres que lo hacen muy bien, pero para ellos es como empujar una roca cuesta arriba. Muchos de estos padres se sacrifican por sus hijos. Otros sacrifican a sus hijos por sí mismos. Los hijos de un padre que se sacrifica todo el rato por ellos podrían repetir el mismo papel al ser padres, pasando una vez más a sus hijos el modelo de sacrificio y el resentimiento que invariablemente lo acompaña.

Los padres pueden utilizar a los hijos para satisfacer sus propias necesidades. A continuación mostramos algunas formas en las que los padres utilizan a sus hijos.

1. Esperando que el hijo cuide al padre.

    Puede que algunos padres esperen que su hijo pequeño les cuide emocionalmente, les escuche sus problemas de adultos o les dé ánimos o confort.

    Es estupendo si un niño tiene la capacidad natural de ofrecer confort, pero no es su trabajo a tiempo completo.

2. Pidiendo al niño que tome decisiones adultas.

    A veces, se hace afrontar a los niños elecciones que son propias de un adulto. Un niño al que se le hace responsable del bienestar de sus padres se ve forzado a desempeñar un papel para el que no está preparado. El niño lo sabe y puede crecer sintiéndose demasiado responsable por todo e inadecuado para manejar algo tan grande.

3. Volviéndose dependiente con el niño, ya sea viviendo la vida a través de él, interviniendo demasiado en sus pensamientos, intereses y actividades o convirtiéndolo en un clon de ellos.

    Así pues, la dependencia puede nacer de un sentimiento de vacío de los padres. Mamá quiere sentirse llena y lo hace a través de la vida del niño.

    La dependencia también puede ser una forma de sentirse validado. Se convierte al niño en una fotocopia de los intereses y valores de los padres, para que las elecciones de éstos se vean reforzadas. Papá es un domador de leones, así que su hijo debe ser un domador de leones. La familia siempre ha comido cacahuetes, así que la hija debe comer cacahuetes.

4. Utilizando incorrectamente al niño para sentirnos poderosos o para expresar nuestro enfado.

El incesto puede darse cuando un padre necesita sentirse poderoso. Puede ser una forma de expresar enfado con el cónyuge o con toda la gente de ese sexo. Abusar físicamente de un niño es otra forma de manejar la rabia, la frustración o los sentimientos de sentirse atrapado y superado. El padre pega al hijo para aliviar sus propias necesidades emocionales.

Se supone que los niños tienen necesidades

Los niños tienen muchas necesidades. Vienen al mundo con una serie de peticiones. Si un padre está superado por el hecho de no tener satisfechas sus propias necesidades, las del niño serán demasiado para él. Los padres consiguen controlar esta avalancha de peticiones aplastándolas (maltratando al niño verbal o físicamente para que deje de pedir), o estando muy distantes, volviéndose tan fríos y retraídos que las peticiones del niño queden desoídas. De esta forma, el niño sufre negligencia y abandono; probablemente crezca negando sus propias necesidades y, cuando sea padre, haga que sus hijos las satisfagan.

Es un ciclo complicado y lioso. No obstante, se puede atajar el daño si los padres acuden a terapia o a algún tipo de tratamiento o recuperación que les enseñe formas sanas de manejar sus sentimientos y conseguir satisfacer sus necesidades.

Me entristeció mucho una sesión que tuve hace poco con unos padres. El padre estaba utilizando a su hijo en una lucha de poder contra su mujer, pero decidió que no quería seguir con la terapia que lo ayudara a ser un padre diferente. No sólo es probable que pierda a su mujer y a su familia, sino que además le pasará a su hijo un legado que afectará a la vida entera de éste y a la de los hijos de su hijo. Es decir, dos o más generaciones sufrirán las consecuencias de que un padre tuviera miedo de sentir.

Nuestra droga es lo primero

La dependencia de alguna sustancia química o de un hábito también puede causar mucha distancia en una relación. Si somos adictos a algo, necesitamos barreras defensivas que lo protejan. No podemos dejar que se nos acerque nadie que pueda interferir con nuestro hábito o que nos quite el suministro.

Si yo necesito trabajar compulsivamente y tú quieres que te dedique tiempo (tiempo que utilizo para trabajar), tendré que guardar una distancia contigo. Si no lo hago, me quitarás tiempo y energías que necesito para trabajar. Si necesito tomar azúcar y tú me llamas cuando voy de camino a la cocina, tendré que librarme de ti para obtener mi dosis.

Podemos mantener a la gente alejada de nosotros simplemente mostrándonos fríos e indiferentes; dando respuestas cortas y secas y no teniéndoles en cuenta a ellos ni a sus necesidades. Podemos negarnos a hablar de nuestros sentimientos y de temas importantes, o negarnos a escucharlos.

Si una persona está enganchada a algo, ya sea al alcohol o a las prostitutas, debe mantener alejada a la gente que interfiere con su hábito. Debe proteger su suministro, proteger su consumo, proteger el secretismo de su necesidad de consumo.

Cuando existe una dependencia de droga, un niño se vuelve muy secundario a la necesidad de ella, se convierte en algo que hay que quitar de en medio.

Un niño sigue teniendo necesidades independientemente de tu situación personal

El estrés puede causar que la gente necesite tener más distancia de los demás. Si estamos muy agobiados por el trabajo, los miedos, las facturas, las enfermedades o las necesidades insatisfechas, probablemente estemos menos predispuestos a escuchar y a dar.

Desgraciadamente, un niño sigue teniendo necesidades, al margen de la situación personal que tú estés viviendo. Tú necesitas encontrar una forma de pagar las facturas; él necesita contarte cómo es su juego.

A veces sufrimos más estrés de lo que la situación requiere. Generalmente el estrés indica que no tenemos suficiente ayuda, pero a veces nosotros lo incrementamos autoimponiéndonos hacer las cosas con perfección y no cometer errores, no aceptando ayuda, no pidiendo consejo, no confiando en los demás, pensando que tenemos que hacerlo todo nosotros solos, y fijándonos otra serie de reglas que posiblemente nos habremos inventado para sobrevivir a nuestra infancia.

A veces nos enganchamos al estrés. Tal vez la intensidad y las prisas nos hacen sentirnos importantes. Sentimos el vértigo del cazador y de la presa.

Entretanto, puede que haya algún niño cerca, necesitado, pero a nosotros nos resulta invisible. Quítate de en medio, niño, tengo que concentrarme en esto, no en ti. Esto implica dinero, es lo más importante del mundo. Te haré caso cuando haya terminado con ello.

Pero, si somos adictos al estrés o dependientes de las reglas que mantienen nuestra vida acelerada, puede que nunca lleguemos a atender al niño. Entonces, levantamos la vista y vemos que el niño se ha enganchado a las drogas o que maltrata a su hermana o que ha crecido y no tiene ningún motivo para venir a visitarnos con sus hijos.

Hay ciertas líneas que no deberían cruzarse

El contexto define el grado adecuado de cercanía y distancia dentro de una relación. Un comportamiento perfectamente aceptable en un contexto puede ser insano e incluso doloroso en otro tipo de relación.

No tenemos una escala que mida el grado de intimidad, así que no pueden definirse con precisión los distintos niveles que hay. Sin embargo, existen ciertas líneas que no deberían cruzarse: no debe utilizarse a los niños para satisfacer las necesidades sexuales o de poder de los padres; los niños no tienen que solucionar problemas de adultos; no debe haber demasiada distancia en un matrimonio porque podría cargárselo, y todos debemos poder elegir qué estamos dispuestos a mostrar de nosotros mismos a los desconocidos.

Si no estás seguro a veces de qué es apropiado con otra persona, piensa en el tipo de relación que tienes con ella. Piensa si el comportamiento está dentro de los límites de la relación. El capítulo 5 te ayudará a reforzar tus límites emocionales. A medida que desarrolles una conciencia más clara de ti mismo, tus instintos te ayudarán a saber qué encaja bien y qué no en una relación.

Los límites de tus padres

Ejercicio 3.1.

Cualquiera que fuera el batiburrillo de límites que tuvieran tus padres, ello influyó profundamente en tu desarrollo. El propósito de este ejercicio es identificar esas influencias.

Parte I. Elige a uno de tus padres (a tu madre o a tu padre) y responde a las siguientes preguntas.

1. ¿De qué forma fue distante contigo? Incluye:
   a. Incidentes en los que acudiste corriendo a él con entusiasmo y te despachó sin hacer caso a tu entusiasmo.
   b. Acontecimientos que se perdió, tales como no asistir a la función del colegio en la que tú hacías de león.
   c. Promesas rotas.

d. Pruebas de que no conocía tus preferencias.
   e. Pruebas de que no entendía tu manera de pensar.
   f. Pruebas de que no se enteraba de tus intereses.
   g. Que no te tuviera en cuenta cuando algo afectaba a toda la familia.
2. ¿De qué forma era dependiente de ti? Incluye:
   a. Ideas que tenía y que te forzó a adoptar a ti.
   b. Preferencias que esperaba que compartieras.
   c. Pruebas de que daba por hecho que tenías sus mismos sentimientos hacia las cosas.
   d. Actitudes paternales que esperaba que adoptaras tú.
3. ¿De qué formas te utilizó para satisfacer sus necesidades? Incluye necesidades de:
   a. Poder
   b. Confort
   c. Sexo
   d. Alivio del estrés
   e. Solución de problemas adultos
   f. Otros.

Parte II. Repite el ejercicio con cualquier otra persona que haya asumido contigo un rol paternal.

Parte III. Por lo que sabes de tus abuelos paternos y maternos, ¿qué puedes adivinar sobre sus límites? Escribe sobre cada abuelo. Identifica en ellos patrones de conducta sospechosos que indiquen dependencia, retraimiento, frialdad, intrusión y que tuvieran la esperanza de que sus hijos atendieran sus necesidades.

Capítulo 4

Tus límites físicos

Tienes absoluto poder de decisión sobre quién puede tocarte

¡Absoluto! Eres el guardián de tu propio cuerpo. Tú eres quien controla lo cerca que se puede aproximar cada persona a ti. Tú decides cómo pueden tocarte.

Tu vida es tuya. Tú eres quien cuenta en tus elecciones. Tú eres quien asume las consecuencias de tus decisiones y tu cuerpo el que soporta las que le conciernen. Tú eliges qué comer, cuánto ejercicio hacer, cuánto descansar. El cuidado de tu cuerpo está en tus manos y tú eres quien vive con los resultados. Si decides limpiarte los dientes con hilo dental, disfrutarás de unas encías sanas. Si decides llevar un estilo de vida que te mantiene acelerado y tenso, serás tú quien viva con la tensión alta, una mayor susceptibilidad a las enfermedades y unas relaciones crispadas.

¿Dónde están tus límites? ¿Dónde terminan los demás y empiezas tú? Tu piel es tu frontera física. Tú controlas el espacio personal que guardas con los demás; solo de ti depende marcar los límites y comunicárselos a ellos.

No tienes por qué sufrir la desconsideración de un extraño que se te acerca demasiado. Tú eres quien debe asegurarse de que la gente se mantiene a una distancia cómoda. Puedes retroceder o ponerte de pie de forma que haya algún objeto entre tú y la otra persona. O puedes extender el brazo y decir: «Más cerca no, por favor», o «puede que prefiera alejarse un poco de mí; si le echo mi aliento se pasará un mes vomitando».

La única excepción a la demarcación de estos límites se daría si estuvieras incapacitado y debieras recibir atención médica. Aparte de ello, tienes todo el derecho a decidir quién puede tocarte y cómo.

¿Por qué fustigo tanto con esto? ¿Por qué me pongo tan apasionada como una madre escribiéndole a su hija en la universidad? Porque sigo viendo muestras de que incluso las mujeres creen que su propio cuerpo no les pertenece.

Cuerpos a la venta

En un viaje que hice hace poco a Florida quedé sorprendida con los biquinis que vi. En el noroeste, donde vivo, hace un tiempo tan frío y tan lluvioso que llevar biquini asustaría hasta a los animales. No sabía que el resto del país sufriera escasez de tejidos y que se estuviera sacrificando a los bañadores para intentar paliarla. No obstante, los límites personales implican que, dentro de la ley, una persona puede llevar tan poca ropa puesta como desee.

A pesar de ello, me entristeció ver que mujeres de todas las edades sintieran que debían sufrir semejante prenda, porque el evidente propósito de un traje así es vender el cuerpo propio a otra persona. No puede ser cómodo tumbarse en la arena sin más protección que una servilleta de cóctel.

Muchos anuncios de cosméticos, perfumes, ropa y productos de higiene transmiten que el trabajo de la mujer es resultarle agradable a los demás. La fortuna que nos gastamos en productos como éstos demuestra que, al menos en parte, las mujeres se tragan este mensaje. Nuestro cuerpo natural no basta; necesitamos ropa y pociones para remediar lo que se nos enseña a percibir como defectos.

Un comentario grosero no indica nada sobre nosotros

Cuando una persona con sobrepeso decide no hacer algo por miedo al ridículo, está viviendo en sus carnes la idea de que no puede pasárselo bien si los demás no encuentran su cuerpo atractivo. Me enfadan las agonías que sufren mis clientes debido a que su sobrepeso les expone a comentarios groseros. Creen que son inferiores porque tienen algunos kilos de más en el cuerpo. No van a nadar. Se privan a sí mismas de excursiones de *rafting* porque les da miedo ir al mostrador y no encontrar un traje de neopreno de su talla. Piensan en no asistir a una reunión porque la gente les verá con una talla mayor de la que llevaban en la reunión anterior. Dudan si asistir a un baile o a una boda porque, comparadas con las modelos de las revistas, se ven inferiores.

Todas y cada una de mis clientes son bellas. Cada una de ellas es extremadamente valiosa para esta tierra, aporta maravillosas cualidades, una percepción rica de las cosas, dones únicos. Me enfurece ver que el valor del aspecto físico haya llegado a una grado tan extremo que estas mujeres lleguen a privarse de una vida plena por culpa de la ignorancia de los demás.

Un comentario grosero de un extraño no indica nada sobre nosotros. Sí dice mucho sobre el extraño. Si la prima Mildred suelta su habitual comentario malicioso en un picnic familiar («Realmente no debería ponerse pantalones cortos») no tengo por qué aguantarme. Puedo ponerla firme y marcharme con la cabeza bien alta. Parafraseando a Goethe: «Prima Mildred, cuando las ideas fallan, las palabras resultan muy útiles.»

Tu cuerpo es tuyo

Así que me apasiono. Quiero que disfrutéis de vuestra vida. Quiero que vayáis a donde queráis y que hagáis las cosas que queráis hacer. Utilizad vuestro dinero para enriquecer vuestra vida y vuestra salud para algo más que intentar conseguir un mejor aspecto.

Quiero que disfrutéis de la seguridad de saber que vuestra piel, vuestro cuerpo, es vuestro y de nadie más, y que vosotros decidís cómo queréis que los demás lo traten. Cada uno vive con su cuerpo. Muere con su cuerpo. Te lleva a donde quieres ir y es el vehículo con el que viajas por el mundo. Tienes la absoluta propiedad de él.

Si no quieres que alguien te toque, si no quieres que te abracen, dilo. Si alguien que no te gusta te echa el brazo por los hombros, apártate de él. No tienes por qué aguantar ningún tipo de contacto que no desees.

La ley lo apoya. En este país es un delito grave que alguien dañe tu cuerpo. Si alguien te hace daño, te mata o mantiene relaciones sexuales contigo contra tu voluntad, es un delito.

¿Qué hay de los casos extremos? ¿Qué hay si nos viéramos forzados a soportar el contacto físico de alguien? Obviamente, no tendríamos la culpa. Cuando nos vemos amenazados por el daño, a veces tenemos que ceder a un contacto no deseado.

Sin embargo, casi siempre podemos hacer respetar nuestro derecho a decidir quién puede tocarnos. Siempre que dejamos que una persona nos toque cuando no queremos que lo haga, salvo que ésta nos tenga dominados, estamos permitiendo que esa persona cometa un crimen contra nosotros. Es dañino para nosotros y es dañino para la otra persona.

Por ejemplo, cuando un jefe se acerca demasiado, puede que pensemos que no tenemos más remedio que aguantarlo. Sin embargo, fíjate en las consecuencias: tenemos una mano no deseada sobre el cuerpo. Nuestra reacción natural es apartarnos, quitar su mano y escupirle en la cara. Pero en lugar de ello, sonreímos y pretendemos no darnos cuenta de lo que ha hecho. Le mandamos a nuestro cuerpo el mensaje de que sus instintos naturales no cuentan, y le decimos a nuestros sentimientos: callad, la necesidad de dinero es mayor que la necesidad de autoprotección. Con esa actitud nos autoinculcamos que nuestro cuerpo es una herramienta que los demás pueden usar independientemente de nuestros deseos, que otros tienen acceso a él aunque nosotros no queramos. Nos empequeñecemos. Nuestra aquiescencia le roba un poco de hierro a nuestra alma y nos hace más débiles.

¿Qué ocurre con nuestro jefe? Se ve confirmado en lo que ya sabía, que las mujeres están para que él las disfrute y que el poder permite a unos utilizar a los demás. Como dijo Andrew Young: «Nada es ilegal si cien empresarios deciden hacerlo.» Se le permite darse gusto a costa de otra persona, pero con ello también él se empequeñece.

La historia de Donna

Cuanto más tiempo paso en terapia, más furioso se vuelve mi marido. Pero no expresa su rabia directamente. En lugar de ello retiene lo que yo necesito de él, retrocede y se queja a mi madre de mí.

Me gustaría que simplemente entrase dando pisotones en casa, soltase un grito expresando su enfado y su miedo y lo sacara a la luz.

Debido a lo que mi padre me hizo, el sexo es algo muy difícil para mí. Necesito ir muy despacio. Me hace falta que primero me acaricien y me abracen mucho.

Estaba tan sola cuando era niña. Mi madre era muy fría y estaba siempre concentrada únicamente en su trabajo, y mi padre usaba mi cuerpo pero nunca estaba ahí para atender a mi yo interior. Me pregunto si puedes imaginarte lo sola que me sentía.

Empecé a salir con chicos desde jovencita simplemente porque quería a alguien que me abrazara. Necesitaba cariño desesperadamente. Y todavía lo necesito. Incluso ahora, la verdad es que sólo practico el sexo para sentirme abrazada durante un rato.

Por las noches, me siento junto a mi marido y él se aparta. Siempre lo ha hecho, incluso antes de que se pusiera tan furioso conmigo. En todos los años que llevamos casados he debido decirle unas doscientas veces lo mucho que necesito que ponga su brazo alrededor de mi hombro, que me abrace.

Pero siempre que me abraza, antes de que haya pasado un minuto ya está recorriendo mi cuerpo con sus manos y empezando con el sexo. No importa las veces que le haya explicado que en ocasiones necesito que me abracen sin que ello conduzca al sexo, no lo entiende.

Volví la otra noche de la terapia y tenía la cara roja e hinchada. Era obvio que había estado llorando. Entré y me dijo: «Ven aquí, cariño.»

Durante un extático minuto pensé que iba a consolarme. Pero, tan pronto como estuve sentada, empezó a manosearme. Se puso a sobarme el cuerpo con sus manos como si yo no estuviera dentro de él. La sesión de terapia me había dejado tan vulnerable y estaba tan sorprendida por lo que estaba haciendo que no pude hacer nada. Parece ser que no sé parar a alguien usándome.

Le miré a la cara y no vi amor. Estaba enfadado. Estaba enfadado y estaba utilizando el sexo para dirigir su rabia contra mí.

No pude detenerle. Me sentí culpable por tener tantos problemas. Me sentí responsable por no darle todo el sexo que él quiere. Así que le dejé utilizar mi cuerpo para que desahogara su rabia.

Después me sentí fatal. Me sentí como un trozo de carne. ¿Cómo puede un hombre penetrar a una mujer y no importarle nada lo que supone para ella?

Utilizar hiere también al que utiliza

Cualquiera que haya pasado por ello sabe lo denigrante que es ser utilizado como un objeto o una herramienta. Pero también hiere al que la utiliza. Le permite abusar de otro ser humano. Al final, ambos pierden piezas de sí mismos.

Ni por un segundo creo que Donna sea totalmente responsable de ello. Su marido tiene responsabilidad como sexualizador, despersonalizador, abusador. Pero dado que es su cuerpo, de ella depende protegerse del daño físico, sexual y emocional si la otra persona no asume la responsabilidad de portarse decentemente.

A veces no es posible. A veces nuestra infancia se desarrolla de tal manera que nos deja indefensos.

La historia de Essie

Durante todos los años que estuve casada, tuve la sensación de estar escalando una montaña con laderas en las que resbalaba a cada paso que daba. No logro recordar cuándo no me sentí superada o desconcertada. Siempre he sido una persona que se ha esforzado todo lo que ha podido, así que me quedo muy sorprendida cuando hago un esfuerzo grande y me quedo vacía por dentro, y todo permanece exactamente igual que al principio.

Ahora ni siquiera recuerdo por qué me casé con Hal. Era joven y quería salir de la casa de mis padres. Quería algo propio. Quería pertenecer a alguien. Así que le dejé que me llevara con él. ¿Qué sabía yo de él? Me quería, y eso era suficiente para mí. Era un sentimiento muy bueno, sentirse querida.

Me remangué las mangas. Mi única preocupación era agradarle. Hice unas compras en St. Vincent y convertí una tela de color vivo en unas alegres cortinas. Restregué y limpié su apartamento entero, que estaba mugriento cuando me mudé a vivir con él. Hice las recetas de turno.

Él vivía como quería, y aprendí a no hacerle preguntas. Siempre que quería algo de él o le pedía algo, él conseguía darle la vuelta para que pareciera que yo siempre estaba pidiendo demasiado o que era estúpida. Era algo muy sutil.

Recuerdo el primer año de casados, después de habernos mudado a nuestra primera casa. Invité a mi familia para que vinieran a una barbacoa el Día de la Madre. Hal se fue de cámping el día anterior y dijo que volvería para la celebración. Mi familia empezó a llegar y no hacían más que preguntar: «¿Dónde está Hal?»

«No lo sé –contestaba yo una y otra vez–. Se fue de cámping a Fall Creek. Debería estar de vuelta.»

Yo había preparado todo; quería que estuviera perfecto. Finalmente tenía un hogar. Era adulta, estaba casada y tenía una casa. Era una anfitriona. La barbacoa era un símbolo importante para mí y se lo quería mostrar a mi familia.

Esperamos. Y esperamos. Finalmente seguimos adelante con la barbacoa, yo disculpándome. «No sé por qué no está aquí». No vino. Mi familia se fue. Luego llegó a casa.

«Pasé por delante con el coche un par de veces, pero no quería ver a tu familia, así que me quedé jugando al baloncesto calle abajo.»

Simplemente me callé, recogí todo y me sentí mal. Pensé que tal vez él se daría cuenta de que estaba triste y me pediría perdón, pero no lo hizo. Muchas veces esperé que él se fijara cómo estaba yo.

Fumaba un montón. En invierno llenaba la casa de humo. Yo me ponía enferma con ello. Si abría una ventana, me ridiculizaba. «¿Qué pasa contigo? Todo es imaginación tuya, ni siquiera hay humo aquí dentro. ¡Por Dios, Essie, cierra esa ventana! Montas un follón por nada.»

Estaba mucho fuera de casa. Nunca sabía dónde estaba. Nunca me llevaba a ninguna parte. Yo me quedaba en casa y esperaba a que él viniera.

Podía volver a casa al cabo de un par de horas o no regresar hasta medianoche. La mayor parte del tiempo no estaba. Llegué a tener mucho cuidado en cómo me dirigía a él. Intentaba plantear muy cuidadosamente lo que necesitaba saber. «Hal, voy a hacer la cena y necesito saber cuánta comida preparar. ¿Quieres cenar hoy?»

«Pues no la hagas y punto.»

Preparaba algo, pensando que eso es lo que se supone que debe hacer una esposa. No venía a casa. Yo esperaba, mantenía la comida caliente, intentaba que se mantuviera rica. Llegaba tarde, de noche.

«La cena se ha estropeado», decía yo.

«¿Cuál es tu problema? Trabajo duro. Puedo salir si quiero.» Se sentaba a comer y se quejaba porque la comida se había quedado dura o seca.

Nunca entendí por qué no podía volver a casa antes. Nunca lo explicó. Yo simplemente pensaba que tal vez yo no era una persona muy agradable con la que estar.

Tomaba muchas drogas. Yo no sabía gran cosa sobre ellas. Nunca teníamos dinero.

Fue de trabajo en trabajo. «Ellos» eran siempre el motivo por el que había tenido que dejar un trabajo y buscar otro.

Se inventaba historias sobre por qué las cosas no funcionaban. En realidad, perdía sus trabajos porque siempre llegaba tarde y siempre estaba buscando cómo conseguir una dosis en lugar de trabajar. Entonces, conseguía otro trabajo y luego no se levantaba por la mañana. Yo intentaba que se levantara.

«No te preocupes tanto. Ya me encargaré de ello. Simplemente déjame sólo. Si crees que puedes hacerlo mejor, hazlo tú misma. Yo lo intento y tú lo único que haces es que pierda la confianza en mí mismo.»

Tuvimos que mudarnos porque no podíamos pagar el alquiler. Mi padre nos dejó utilizar un apartamento en un edificio suyo. Empecé a trabajar en dos empleos para mantener las cosas a flote.

Cualquier muestra de descontento que veía en él, intentaba solucionarla. Intenté darle un hogar agradable para que me quisiera.

Llegaba a casa por la noche y no había comida porque no teníamos dinero. Acababa de salir de un centro de rehabilitación y éramos pobres e intentábamos recuperarnos. Yo estaba cansada todo el tiempo debido al trabajo duro y a intentar a la vez cumplir todo lo que él quería. En uno de sus arrebatos, volcó la nevera, destrozó el apartamento y rompió un espejo de un puñetazo.

Me levanté y lo recogí todo. Al día siguiente, dijo que no recordaba nada de ello. «¿Por qué te inventas esas cosas, Essie? Está todo como estaba.»

«Eso es porque yo lo he recogido todo después.»

Ni un comentario y se iba por la puerta. Si me quejaba, se iba.

Preparé una cena en nuestro aniversario. La vela se consumió entera hasta el plato. Por supuesto, no apareció.

Cuando tenía un atisbo de que no me quería, intentaba agradarlo con mayor ímpetu. Pensaba que, si lo intentaba lo suficiente, conseguiría tener un matrimonio. Simplemente era que él necesitaba mucho amor. Si le quería lo suficiente y le daba lo que quería, me querría.

Había una crisis detrás de otra, pero él siempre podía justificarlo. Yo sabía cuándo tenía que dejar de hablar para que él no me pegara.

Fuese lo que fuese lo que él hiciera, yo siempre podía ver al niño necesitado que había en su interior. Necesitaba las drogas para suplir las carencias que yo no le llenaba.

Yo era muy dócil. Intentaba una y otra vez hacer lo que él quería. Él no empezaba a pegarme hasta el final, cuando yo me enfadaba.

Un día después de que muriera Mara, yo estaba de pie y me escupió. Me enfadé mucho. Cogí una pala que había y se la tiré. En realidad no quería darle, sólo quería mostrarle lo enfadada que estaba. Entonces metí a los animales en el coche y lo puse en marcha. Tiró una piedra por la ventana. Le daba igual que pudiera haberme herido gravemente a mí o a los animales.

Teníamos grandes escenas violentas y, después, una calma en la que pedía disculpas y se ponía a llorar. Yo veía en él al niño pequeño muerto de hambre que en realidad no quería hacer esas cosas horribles. Él suplicaba: «Te cuidaré. Lo intentaré con más fuerza.» Me decía que haría lo necesario para que me quedara.

Pedí un préstamo para pagar un tratamiento después de que intentara suicidarse. Durante el tratamiento se abría y me mostraba sus pensamientos y sentimientos interiores. Yo le respondía de forma plena cuando lo hacía. Pero el día que salió del tratamiento se volvió de nuevo reservado y me ocultaba lo que hacía. Cuando le preguntaba, me contestaba: «¿Qué pasa, no confías en mí?»

Estuvo en tratamiento cuatro veces. Entre medias, venía a casa realmente tarde y dormía en una tienda de campaña en el patio trasero. Decía que yo arruinaba el tratamiento de reinserción porque no confiaba en él. Entraba con los ojos muy rojos y me hacía pensar que tal vez yo estaba loca, que tal vez a mí me asustaba tanto la idea de que estuviera consumiendo de nuevo que me lo inventaba.

Vino un día a casa después de estar con el grupo de reinserción y me dijo que nunca me había querido, pero que se había casado conmigo porque yo iba a la universidad y sabía que siempre podría contar conmigo para cuidarle. Me dijo que le había consentido tanto que era mi culpa que hubiera caído en las drogas.

El peor momento de todos fue cuando nació Mara. Me desperté y había roto aguas. Hal dijo: «No, no puede ser ahora. Estoy enfermo. No puedo hacerlo.»

Me sentí totalmente desvalida. «¿Que no puede ser ahora? Es ahora. ¿Crees que puedo guardarme dentro al bebé hasta que tú estés listo? Tengo que ir al hospital.» Eran las ocho de la mañana.

Nos metimos en el coche. Dijo: «Tengo que hacer una parada.»

Condujo lejos hacia el norte de la ciudad. El hospital estaba en el centro. Fue a la casa de alguien que conocía. En la puerta dijo: «Mi mujer está de parto. Necesito 50 dólares para hacer un depósito y que pueda ingresar en el hospital.»

Trajo al hombre hasta el coche. Era como una escena rara sacada de una película. Aquí está la esposa. Puedes ver que está embarazada. La esposa sonríe. Ves, estoy embarazada. Yo estaba dispuesta a seguirle el juego, a hacer cualquier cosa con tal de que me llevara al hospital.

El hombre le dio 50 dólares. Volvió a conducir hacia el centro y luego se pasó el cruce del hospital y siguió conduciendo hacia el sur.

«Hal, llévame al hospital.»

«Tengo que ver a alguien.»

Yo estaba asustada y desvalida. Estaba desesperada por llegar al hospital. Estaba desesperada por conseguir algún cuidado, por estar con gente que pudiera ayudarme.

Condujo hasta la casa de un traficante. El traficante se metió en el coche. Condujo hasta un local de comida rápida y aparcó detrás. Esperamos a que aparecieran dos tipos mexicanos. Estaba muy asustada. Cuando sufres dolor, un minuto de reloj se te hace eterno. Además, yo no sabía cuánto más iba a durar aquello.

Finalmente vinieron los tipos. Hal salió del coche con el traficante, estuvo de pie con los tipos y luego se metió en el servicio. Cuando volvió tenía los ojos medio cerrados. No sabía si él podría conducir siquiera en ese estado. Tenía miedo de que se quedara dormido y de que no supiera lo que hacía.

Luego tuvo que llevar al traficante de nuevo a su casa. Para cuando llegamos finalmente al hospital era pasado mediodía. Yo había llamado al hospital cuando salimos del apartamento. Nos preguntaron por qué habíamos tardado tanto, me llevaban esperando mucho tiempo.

Me dijeron que paseara hasta que mi cuerpo estuviera a punto para entrar en el paritorio. Hal estaba enfadado porque no podía fumar. Mientras paseábamos, no paraba de entrar en el baño para fumar o drogarse. Necesitaba un chute cada dos horas. Yo me quedaba en el pasillo, con la esperanza de que no viniera nadie. Todavía le cubría, escondiendo la realidad a mi padre y a mi familia. Se puso a robar los pomos de las puertas de los lavabos. Planeaba venderlos después para comprar más droga, supongo. Me dio mucha vergüenza. No quería que nadie supiera que las cosas estaban así.

Estuve en el paritorio 36 horas. Entraba constantemente para coger mi talonario para poder comprar más droga. No soportaba quedarse conmigo allí. Estaba completamente sola. Él no estaba conmigo. Cuando llegó mi familia, me preguntaron: «¿Dónde está Hal?»

Le cubrí. No quería decir que estaba fuera, comprando más droga.

Cuando trasladaron a Mara al hospital infantil, él no estuvo allí. Yo tenía una infección y tuve que quedarme en el hospital central y mi bebé estaba a kilómetros de distancia en otro hospital.

Mientras que estaba en el hospital, él liquidó mi coche, empeñó la televisión y le sacó dinero a todo el mundo. La gente de mi trabajo, los conserjes, las mujeres de la limpieza, gente que trabaja duro y no gana demasiado, hicieron una colecta para mí. Mil dólares. Mucho dinero para ellos y que yo necesitaba desesperadamente. Lo escondí, pero él lo encontró y se lo gastó.

Cuando fui a verla, tuve que ir en silla de ruedas. Hal no consiguió alquilar una silla de ruedas o pedirla prestada, así que robó una del hospital.

La niña murió y yo quise pasar un tiempo a solas con ella antes del funeral. Estaba en casa, lista para irnos ya y Hal había desaparecido de nuevo con mi coche. Necesitaba llegar a la funeraria. Finalmente llamé a su padre y le pedí que viniera a buscarme. Más tarde, Hal llegó a la funeraria con un cigarro en la boca. Entonces le desprecié. Qué irrespetuoso era para con nuestra hija.

Nunca volví a sentir lo mismo hacia él. Era la primera vez que realmente no podía cuidarle y que necesitaba que él estuviera entero, y no fue capaz.

Después de pasar por aquello durante siete años, finalmente había llegado al límite. Empecé a sacar a escondidas mis cosas de la casa. Cuando me pilló, hizo trizas mis tallas de madera y los trofeos que había ganado de niña y cambió mis herramientas de artesanía para hacer bisutería y artículos de cuero por droga.

Llegué un día y no estaban mis muebles. Todo lo que tenía había desaparecido; también mi anillo de matrimonio y una pieza de oro que me había regalado mi abuela.

Cada vez que me defendía me hacía daño.

Para mí es duro hablar de lo que pasé porque siempre hay alguien que dice: «¿Por qué lo aguantaste? ¿Por qué no le dejaste?»

Y entonces me siento avergonzada de haberme quedado con él tanto tiempo y haber seguido esforzándome por sacar las cosas adelante. No supe defenderme de él y todavía me cuesta defenderme de comentarios como ése. Siempre tengo la sensación de que debería haberlo hecho mejor.

No importa qué me haga alguien, siempre soy incapaz de creer que quien lo ha hecho sea malo o mezquino. Siempre se me ocurren razones para justificarle.

Pienso: no puede evitarlo; no es su intención ser desconsiderado. Está tan absorto en lo que hace que no se da cuenta del efecto que produce en mí.

Para llegar a entender que realmente hay límites a la forma en que una persona puede tratarme tuve que escuchar a mi terapeuta decirme mil veces: «Conducir por la ciudad durante cuatro horas cuando tú tienes dolores y miedo por el parto es mucho peor que ser desconsiderado.» Crecí pensando que una persona, cualquier persona, podía tratarme de la forma que quisiera y que a mí no me quedaba más que aguantarme.

Ése es mi punto débil. Todavía me cuesta distinguir si alguien se está comportando de forma extrema o inapropiada conmigo. Me he dado cuenta de que tengo un aguante casi infinito ante el abuso. Siempre pienso: «Puedo soportarlo.» No importa que sea más de lo que el 95 por 100 de la humanidad toleraría. Yo siempre puedo aguantarlo. Me dejo llevar a hazañas increíbles, como ir al colegio 10 horas al día, sacar tiempo para mi hijo, hacer tres horas de deberes cada noche, conducir 140 kilómetros para llevarlo a la guardería, a mí al colegio, a mí al centro de investigación, de vuelta a la guardería y luego otros 70 kilómetros hasta casa. Tengo que levantarme a las cinco de la mañana y no me puedo acostar hasta las once de la noche, estoy cansada y hecha polvo pero, aun así, me enfado conmigo misma y me siento culpable si le hablo bruscamente a mi hijo, si no le dedico todo el tiempo que quiere o si no come perfectamente. No importa cuánto esté obligada a hacer, siempre pienso que tengo que hacerlo a la perfección.

Pienso que tengo que manejar todo sin que me afecte. Me enfado mucho conmigo misma por sentirme cansada. Reconozco mi propio auto-maltrato. No reconozco los abusos de los que soy víctima debido a mis propias expectativas imposibles. Soy como un minero completamente responsable de excavar 10 toneladas de carbón en una semana con una cucharilla de té y que dice: «¿Eso es lo que tengo que hacer? De acuerdo, lo haré.»

Estoy acostumbrada a la sensación de ir tirando hasta superar la prueba de cada momento.

No hemos nacido para ser víctimas

La incapacidad para distinguir un comportamiento extremo o inapropiado, la excesiva tolerancia del abuso, las expectativas imposibles de autoperfección, la incapacidad de defenderse a uno mismo... son todos síntomas infalibles de un severo maltrato en la infancia.

Si un niño aprende que la única reacción que se le permite tener ante un maltrato es sobrevivir a él, ¿cómo va saber cuando sea adulto, como por arte de magia, que puede defenderse a sí mismo?

Desgraciadamente, muchos de nosotros hemos vivido situaciones en las que los demás nos superaban físicamente, en las que alguien ha usado la violencia o el poder para aprovecharse de nosotros. No somos responsables de ese daño. Una desafortunada consecuencia de semejante violencia o abuso de poder es, a veces, que creemos que hemos nacido para ser víctimas. Dejamos que otros cometan incluso ofensas no violentas contra nosotros porque hemos perdido la conciencia (o tal vez nunca la tuvimos) de que tenemos derecho a defender nuestros límites.

Después de que leas más de la historia de Essie, puede que argumentes que ella nunca en su vida creyó que no tuviera que consentir un maltrato. Estoy de acuerdo. Algunos niños están tan abandonados o tan reprimidos que aprenden a ser cuidadosos y observadores antes incluso de saber hablar. Esos aprendizajes tempranos afectan a nuestro punto de vista del mundo durante el resto de nuestras vidas, a no ser que una terapia cuidadosa trate el problema de raíz y lo sane.

Sin embargo, incluso los bebés pueden comunicar malestar, y los niños pequeños, cuando se asustan, se echan hacia atrás o dicen: «No.» Ese primer «no», ese primer retroceso, puede que sea el último del niño antes de sufrir el maltrato, pero es una defensa honesta. Si maltratan al niño por la reacción natural que ha tenido, aprende rápidamente a desechar esa reacción. Por naturaleza, tendemos a defendernos del daño y debe asustarnos aceptar el dolor. Si de niños aprendimos a aceptarlo, de adultos entenderemos que el daño que sufrimos es la forma en que funciona el mundo; la forma en que son las cosas. Lo soportaremos y seguiremos adelante igualmente.

Dominio

El mensaje que yo quiero transmitirte es de dominio. Si tus límites físicos y sexuales han sido violados en el pasado, fuiste una víctima entonces, pero no tienes por qué seguir siéndolo durante más tiempo. Desde este momento sabes que tienes derecho a establecer cómo pueden tratar a tu cuerpo los demás. Incluso puedes hacer que no te rocen siquiera si no quieres. ¿Pero cómo?

Quita su mano de tu hombro y di: «No, gracias». Apártate y di: «No me gusta eso». Échate para atrás y di: «Por favor, pídeme permiso antes de tocarme». «Yo elijo quién puede hacer eso y quien no.» «No vuelvas a hacer eso.» «Este año no, tengo jaqueca.»

A veces pensamos que hemos de ser corteses incluso cuando la otra persona es grosera. Pero hay gente que no oye los mensajes con tacto. Les hace falta algo más fuerte: «Si no quieres un recambio de dedo, guárdate tus manos para ti mismo». «Vuelve a tocarme y pegaré un grito.» «Si sigues así, te avergonzaré delante de todo el mundo.» «Creo que voy a hacerle una llamada a tu mujer. Seguro que le interesa saber qué andas haciendo por ahí.»

Cuando te proteges de una violación física, aunque sea leve, le envías un mensaje poderoso a tu cuerpo. ¡Yo soy yo! ¡Yo soy fuerte! ¡Yo valgo! Puedo cuidar de mí mismo. Cuando te proteges a ti mismo, te refuerzas.

Los siguientes ejercicios son para hacer prácticas de cómo identificar y detener violaciones sutiles de tus límites físicos. Cuando justificas a alguien mentalmente, incluso de indiscreciones menores, te autotransmites el mensaje de que debes sacrificar tus instintos incluso por alguien aburrido y no merecedor de lo que toma de ti. El ladrón te gana y tú, a pesar de tu bondad, pierdes.

Aprender cómo ganar esas contiendas aparentemente insignificantes te prepara para protegerte de los desafíos mayores. Lo extraño de haber aprendido a ser víctimas es que, de alguna manera, le transmitimos nuestra condición a los perseguidores; podrían distinguir a su víctima entre una multitud.

Cuanto más rechaces que te utilicen, menos te proyectarás como víctima. Como un lobo que acecha al alce débil de la manada, los explotadores te pasarán por alto si pareces fuerte y batallador. Al aprender a protegerte a ti mismo, reduces las posibles incidencias de ser amenazado.

Proteger tu zona de seguridad

Ejercicio 4.1.

1. Hoy, fíjate en la distancia física que te resulta cómoda cuando interactúas con la gente.
2. Si alguien en quien no confías se acerca demasiado a ti, muévete hasta una distancia que te resulte más segura, muévete de forma que quede algún objeto entre los dos. Si no hay nada a mano, extiende tu brazo y di: «Para. Quiero que te quedes donde estás.» Si la otra persona intenta hacerte ver que estás equivocado o te pide que se lo expliques, niégate con la cabeza. No tienes por qué explicarlo.
3. Habla con algún amigo sobre lo que hayas aprendido.

Salvar tu piel

Ejercicio 4.2.

1. Hoy y mañana, fíjate cuando te toquen.
2. Pregúntate a ti mismo si quieres que esa persona te toque de esa forma.
3. Detén el contacto físico si no lo deseas.
4. Comenta con un amigo lo que hayas experimentado.

Capítulo 5

Tus límites emocionales

La historia de Essie

Cuando mi terapeuta me pidió que dibujara mi árbol genealógico, le pregunté: «¿Cuál de ellos?» Primero mi madre estuvo casada con mi padre. Luego se divorciaron. Después se casó con Craig, que tenía un hijo y una hija. Mi padre se casó con Eve, y tuvieron una hija. Luego se divorció de Eve y se casó con Sue y unos años después se divorció de Sue y se casó con Nancy. Nancy ya tenía una hija.

Principalmente me crié con mamá y con Craig. Cuando tenía once o doce años, le rogué a papá que me dejara vivir con él, pero dijo que no. Y me dijo que si se lo comentaba a mamá, tal vez ella no volviera a dejarme verle nunca más. También mamá me dijo que se suicidaría si la abandonaba.

Yo tenía cuatro años cuando mamá se casó con Craig. Su hijo, Lew, estaba en el instituto. Estaba en una órbita tan diferente que apenas le conocía. Jackie, su hija, tenía ocho años entonces. Era mi némesis. Cuando pienso en mi infancia simplemente la recuerdo como una serie de innumerables acontecimientos en los que Jackie me hacía daño. A lo mejor yo estaba sentada en el suelo y ella me pisaba los dedos. O estaba jugando con una muñeca y ella me la quitaba. Me decía que ella era la hija más importante, que ella era guapa y yo fea y gorda, que ella era lista y que yo no sabía nada. Si estaba leyendo un libro de la biblioteca, me pegaba en la cabeza.

Nunca intenté contarle a mamá lo que ocurría, porque sabía que no era emocionalmente estable. Yo me preocupaba por su bienestar y no quería darle más problemas. Ya tenía suficiente dolor y tristeza.

Ella sólo me hablaba de sus preocupaciones. Nunca me preguntaba sobre lo que me importaba a mí. Parecía completamente desapercibida de mí, salvo desde la perspectiva de qué podía aportarle yo a ella.

La primera preocupación de mamá era la casa. Siempre estaba haciendo tareas del hogar. Debíamos tener cuidado de no desordenar las cosas y de no ensuciar nada.

Aprendí desde muy pequeña a no hablarle a mi madre de nada porque se ponía a llorar y yo me sentía responsable. Me sentía culpable por molestarla y, al final, acababa consolándola en lugar de obtener algo de ayuda por su parte.

No recuerdo que me abrazara jamás, ni que fuera cariñosa conmigo, excepto cuando estaba disgustada y necesitaba que la abrazaran a ella. Entonces, me cogía como si yo fuera su salvadora. Odio que me abrace así ahora.

También aprendí la lección de no contarle cosas, por lo que ocurrió cuando mi padre me llevó en una ocasión a visitar a mi abuela. Mamá y mi abuela (su madre) no se llevaban bien en absoluto y no se hablaban. Mi abuela quería verme a toda costa, pero mamá no la dejaba.

Así que mi abuela no paraba de llamar a mi padre y rogarle que me llevara a verla. Y él lo hizo. Yo estaba muy emocionada por ello. Tenía unos siete años. No sabía que se suponía que era un secreto, así que se lo conté a mamá. Se disgustó tanto que no me dejó ver a papá durante años y no me dejó quedarme a pasar toda la noche en su casa hasta los trece. Desde entonces en adelante, nunca le conté nada importante a mi madre.

Aquellos años en que no pude ver a mi padre fueron horribles para mí, porque visitarle era lo mejor de mi vida. Con él estaba a salvo de que me hicieran daño. Además, él sí que se fijaba en mí. Me miraba, me hablaba. No me utilizaba.

Llegué a estar bastante unida a sus mujeres; me figuro que intentaba establecer un lazo con alguien. Además, hablaba con mi padre a través de ellas.

Papá odiaba que yo llorase. Si lloraba se volvía muy poco comunicativo y no hablaba, así que aprendí a estar alegre y charlatana cuando estaba con él. Aprendí a ser divertida. Él no quería saber nada de problemas.

Sin embargo, cuando me daba regalos era un agonía. Cuando Jackie lo descubría le daba una rabieta. Me hacía más daño del habitual y rompía o estropeaba lo que fuera que me hubiera regalado papá.

Llegó hasta tal punto que me daban miedo las Navidades y mi cumpleaños. Jackie se quedaba a la espera de ver qué me había regalado mi padre. No valía para nada que intentara esconderlo o que fingiera que no me importaba. Ni siquiera importaba que papá también le regalase algo a Jackie, como solía hacerlo, en Navidad. Aun así me quitaba lo que yo tenía o lo estropeaba.

Fue en aquel entonces cuando debí de empezar a inventarme excusas con la gente. Todavía soy incapaz de creer que alguien pueda ser intencionadamente malo. Puedo disculpar cualquier cosa pensando: «En realidad no quería hacerlo, es sólo que está disgustado». Cuando Hal me pegaba, nunca pensé en él como una mala persona. Me decía a mí misma que Jackie hacía ese tipo de cosas porque mamá y yo habíamos invadido su casa cuando mamá se casó, y que tal vez me lo merecía por eso.

Creo que yo misma pensaba que yo no valía mucho, y que por eso la casa era tan importante para mamá y no se daba cuenta de lo que Jackie me hacía. Decidí que yo no valía lo suficiente para que mamá se fijara en mí y que me iría mucho mejor si Jackie tampoco lo hacía.

Siempre que estaba en casa me metía de lleno en la carpintería. No quería que se me viera como una persona especial en absoluto. No quería tener nada de especial. Sólo quería que me dejaran sola.

Cuando fui creciendo, mamá se apoyó mucho en mí. Siempre tenía muchas preocupaciones. Se preocupaba por el dinero, porque Craig no estaba nunca en casa y por su peso. Craig se divorció de ella después de irme yo de casa y siempre que la veía estaba deprimida y le hacía falta hablar sobre ello.

Ella venía a mi apartamento y, si veía que nos faltaba algo, lo traía en la siguiente ocasión. Cada vez que venía traía comida o un juego de platos o algo de dinero. Fuera lo que fuese lo que trajera, a mí siempre me hacía mucha falta. Pero entonces no hacía más que hablar y hablar de sus problemas. A lo mejor yo estaba lavando la ropa, corriendo arriba y abajo las escaleras de los dos pisos hasta el sótano, o preparando la cena o bañando al bebé y ella simplemente se sentaba y se ponía a hablar. Yo me sentía como si tuviera que tener una respuesta para ella, como cuando era una niña. Me sentía responsable de ayudarla a que su vida fuera mejor.

Cuando yo tenía problemas con Hal, me hacía falta apoyo desesperadamente y deseaba poder contárselo, pero realmente no quería que supiera qué estaba pasando.

Cuando llega mi cumpleaños es gracioso lo que ocurre. Por una parte me entran muchas ganas de que alguien se dé cuenta y se fije en mí, pero si me dan un regalo no puedo soportarlo. Sé que tendré que pagar un precio por él y ese precio ha sido siempre demasiado alto.

La historia de Jenny

[*Nota de la autora*: A la vez que Jenny cuente su historia irá descubriendo habilidades cognitivas y de razonamiento que desarrolló a una edad muy temprana. Jenny tiene una mente brillante y, probablemente, fue una niña prodigio. Mientras lees su historia, ten en cuenta que tiene capacidades excepcionales que de niña fueron continuamente malentendidas y frustradas.]

Tengo unos recuerdos muy claros de mi infancia. Recuerdo incidentes, pensamientos y sentimientos de cuando tenía año y medio. Fue entonces cuando nació mi hermano y mi vida se detuvo. Sólo ha vuelto a comenzar desde que voy a terapia.

Cuando tenía menos de dos años, recuerdo estar sentada en una colcha al lado del bebé y que mi madre me decía: «Cuida de tu hermano». Con lo pequeña que yo era, recuerdo haber pensado: «No sé cómo hacerlo, no soy suficientemente mayor».

Puede que recuerde este incidente tan claramente porque resultó ser la descripción de mi trabajo. Desde entonces en adelante quedó claro que mi hermano era el niño importante en la familia. Yo era Cenicienta, pero sin hada madrina.

Cuando tenía cuatro años y él dos y medio, me empujó escaleras abajo. Yo me acurruqué en el suelo y lloré. Cuando mamá me preguntó por qué estaba montando aquel escándalo y se lo dije, contestó que Chuck no haría algo así. Debía haberme escurrido.

Cuando jugaba con algo que quería Chuck, a veces me lo quitaba. Entonces yo se lo cogía y él protestaba y me pegaba para que se lo devolviera, llorando fuerte si no lo conseguía. Siempre que lloraba, Mamá venía corriendo. No le gustaba que se la interrumpiera y me echaba a mí la culpa por ello. «¿Qué le has hecho?», me decía cortante.

«Nada. Me ha quitado el juguete y yo se lo he vuelto a coger.»

«Dáselo. Tú puedes jugar con otra cosa.»

Acababa sintiéndome mal e incomprendida cuando ocurrían este tipo de cosas.

Me lo pasaba bien simplemente haciendo cosas por mi cuenta, jugando, leyendo o mirando a los pájaros. A menudo, en ocasiones así, Chuck venía y me pegaba. Yo odiaba que me pegara y lo empujaba para separarlo de mí para que no volviera a hacerlo. Él gritaba, mamá venía y era culpa mía que estuviera llorando. Él nunca hacía nada malo.

Aprendí que si me defendía, él captaba la atención de mamá y, entonces, me metía en un lío. Si me aguantaba con lo que me hacía, al menos mamá no me gritaría.

No importaba qué pasase, ella siempre me veía como la culpable. Al fin y al cabo, él todavía estaba a mi cargo. En cualquier caso, se suponía que no debía estar jugando. Se suponía que debía estar cuidando de él, dándole cosas que hacer, vigilándole. Mi trabajo era ser la madre de Chuck.

Y, luego, mi madre siempre decía cosas como: «No te cases. Ser una esposa es un infierno. No seas nunca madre, es el peor error que puedas cometer.»

En cuarto curso yo hacía de ángel en la función de Navidad. Estaba muy emocionada. Era la primera vez que me habían elegido para hacer algo especial. Tenía que llevar un traje blanco con alas precioso. Encajaba con mi sueño de tener alas para poder salir volando y encontrar una familia mejor. Me pasé semanas hablando de ello, y les pregunté a papá y mamá si vendrían a verme. Papá no contestó y mamá sólo dijo que probablemente. Con mi entusiasmo, no me di cuenta de la falta del suyo.

Me sentí como un ángel mientras me vestía para la función. Me sentía muy guapa con mi traje y mis alas. La madre que me vistió me dijo que estaba guapa. Cuando estuve lista, corrí por la parte trasera del escenario y eché un vistazo a través de la cortina. Habían llegado ya muchos padres, pero no veía a los míos.

Estaba tan segura de que estarían allí. Una vez que comenzó la función y seguían sin estar allí, pensé que llegarían tarde, que estarían buscando aparcamiento o que, simplemente, yo no lograba verlos entre el público.

Llegó un punto en el que se me agotó la esperanza del todo. Supe que no vendrían y que nunca lo harían. Así que me volví cínica. No me sorprendí siquiera un poco cuando montaron todo un número porque Chuck estuviera en la Liga Menor.

Papá bebía mucho. Mamá y papá se peleaban verbal y físicamente. Ni siquiera había cumplido los diez años cuando empecé a planear la vida que tendría cuando me fuera de casa.

En el instituto saqué una puntuación muy alta en una serie de exámenes tipo *test*. Cuando mis profesores vieron los resultados de los *tests*, no reaccionaron con entusiasmo. Nunca oí un: «Vaya, Jenny, podrías ser buena en cualquier cosa que quisieras hacer». Su actitud era: «No tiene mucha importancia, Jenny. Las mujeres no llegan a mucho. Elige lo que quieras porque dará un poco igual».

Cuando estudiaba química en el instituto, le dije a mi padre que era realmente difícil, a lo que respondió: «Si crees que eso es difícil, no es nada comparado con la universidad». Me dijo aquello tan a menudo que le cogí terror a la universidad. Sabía que intentaba decirme que yo no era suficientemente buena para ir a ella. Así que, cuando me gradué, fui a la escuela de empresa.

Finalmente conseguí un trabajo en un banco e hice además unos cursos nocturnos adicionales para entender realmente bien todos los aspectos del trabajo bancario. No tardé mucho en ser una directiva de responsabilidad que llevaba mis propias cuentas. Desde el principio se les pagaba menos a las mujeres que a los hombres. Cuando se lo conté a mi padre, me contestó: «Por supuesto. Los hombres tienen familias que mantener».

Y yo dije: «¿Y qué pasa con Shirley? Su marido se murió, tiene dos niños pequeños y a uno le hace falta una operación. Le pagan la mitad que a los hombres que ocupan su mismo puesto».

«Es una lástima –dijo–. Se las apañará de alguna forma.»

Cuando me convertí en directiva, las cuentas que cogí estaban hechas un lío. Arreglarlas implicaba exponer el trabajo chapucero del hombre que había llevado el puesto antes que yo, pero yo quería darle un buen servicio a mis clientes, así que hice lo que tenía que hacer. Aquello no mejoró la opinión que tenían los hombres de mí; yo no era un jugador del equipo que apoyaba a los chicos del club por encima de todo. Sin embargo, sí le gustaba a mis clientes y conseguí un montón de cuentas nuevas.

Hubo una reestructuración de personal en el banco y me despidieron por no tener título. Como las credenciales que había conseguido con los cursos nocturnos no estaban convalidadas como título, no contaban.

Llegados a ese punto, dejé de intentarlo. Cuando me fui de casa pensé que si lo intentaba con todas mis fuerzas y seguía las reglas, controlaría mi vida, pero me equivoqué. En la época en que yo crecí, las mujeres no contaban lo más mínimo. Mirara donde mirase, los hombres dirigían y las mujeres servían. Tener sentido de la justicia, ser consciente de las desigualdades, o simplemente ser seria… esas cosas no contaban para nada.

Cuando era joven, me casé con un hombre que resultó ser un alcohólico, así que le dejé. Tenía una pequeña propiedad que me había dejado mi padre y había soñado construirme una casa en ella, pero tuve que venderla cuando dejé a mi marido, sólo para conseguir suficiente dinero para volver a casa.

Sin embargo, finalmente sí llegué a comprarme una casita. Era la primera cosa mía. No tenía mucho dinero, así que la amueblé poco a poco con cosas de saldos o liquidaciones. Luego invité a cenar a mi padre, a mi hermano y a su mujer y a mi hermanastra del primer matrimonio de mi madre. Vivía sólo a 30 kilómetros de todos ellos, pero en 24 años mi padre vino a verme tres veces, mi hermana una vez (y porque quería venderme algo) y mi hermano y su mujer, unas pocas veces.

Yo ni siquiera sabía, hasta que me metí en terapia, que estuve deprimida todos aquellos años o que tenía razones para estarlo. Simplemente no hacía más que esforzarme con los demás y no entendía por qué les resultaba tan invisible. ¿Por qué yo no contaba? ¿Porque era mujer?

No venían a mi casa, pero, en las vacaciones, cuando se suponía que debía unirse toda la familia, yo iba a la de ellos. Siempre me recibían con un condescendiente: «¡Y aquí llega Jenny!», pero como pudieran haber dicho igualmente: «Y aquí está la rueda de repuesto. ¿Dónde la ponemos?»

Después de seguir algo de terapia, dejé de ir. Dejé de intentar pretender que tenía una familia en aquella gente.

Cuando Gil entró en mi vida, me arrastró con él. Era el primer hombre que jamás había sido amable conmigo. Era cálido, se interesaba por mí y se preocupaba. Me apoyaba y valoraba mi talento. Mi corazón se puso en pie y le siguió como un niño sigue a un caramelo.

El hecho de que estuviera casado era desesperante para mí, pero no podía evitarlo. Violaba mis valores más profundos, pero necesitaba lo que él me daba como el desierto necesita la lluvia. Viví con aquella tensión durante veinte años.

Cuando el se quedó libre, tuvimos una nueva serie de problemas. Yo creía que éramos muy íntimos, pero todo fue muy diferente cuando pudimos estar juntos a diario. Yo no hacía más que buscarlo para que me entendiera, que comprendiera mi yo más profundo, pero apenas parecía oírme. Me enfadaba tanto.

Cuando teníamos un problema, yo quería solucionarlo. Intentaba que él accediera a hablar sobre ello, pero a veces parecía inconsciente de mí, del problema y del valor de atender a los problemas. Le decía que me sentía alejada de él, que necesitaba que me escuchara y que quería que me contara sus sentimientos. Todo lo que sabía decir era: «Me siento bien.» Luego, dos horas después, quería hacer el amor.

¿Es que no había oído ni una palabra de lo que yo había dicho? ¿Acaso pensaba que me apetecía hacer el amor cuando me sentía tan desconectada de él? Este tipo de cosas pasaban todo el tiempo. Nuestro *affaire* no me había mostrado lo diferentes que éramos. Supongo que cualquiera puede ofrecer un oído sincero un par de horas a la semana.

Durante un tiempo pareció que fuéramos a romper la relación. Éramos buenos compañeros y era un placer estar con él, pero sentirme no escuchada me volvía constantemente loca y a él le hacía sentirse presionado; parecía que aquello nos iba a separar. Hicimos terapia juntos y quedó claro que él quería romper nuestro matrimonio.

Ahora las cosas han cambiado mucho. Espero menos de él. Voy entendiendo lentamente que prefiere ser menos consciente de sí mismo y de la vida. Antes no hacía más que negarme a mí misma que fuera así porque valoro mucho la autoconciencia y la conciencia de las relaciones. Durante mucho tiempo, y a pesar de las pruebas evidentes, no podía admitir que su preferencia fuera tan diferente de la mía. No dejaba de intentar volverle más consciente. Creía que, si le enseñaba lo que le faltaba, lo cogería con ganas. Ahora me doy cuenta de que no quería cogerlo. Prefería ir flotando en una nube de simple rutina y contacto superficial.

Todo eso ha cambiado ahora. Ahora estamos tranquilos el uno con el otro. Estamos más cercanos. ¿Qué marcó la diferencia? No lo sé. No ocurrió nada dramático.

Seguí yendo a terapia y trabajando duro y las cosas cambiaron. Cada semana me enseñaban algo. Gradualmente fui recuperándome a mí misma, al *yo* que perdí antes de cumplir los dos años.

Nunca vi, por ejemplo, que fui una niña abandonada o que viví bajo muchos maltratos. Nunca vi lo programada que estaba para no tener una vida propia. Mi propósito en la vida era cuidar a Chuck. Fui programada para no ser madre, tanto por acabar quemada de cuidar a Chuck como por la forma en que mi madre rebajaba su maternidad.

Me desanimaron de escoger una carrera que me gustara o de intentar obtener una educación avanzada, ya que, decían, siendo una mujer, nada de lo que hiciera contaría. Ni siquiera tenía un marido propio. Cogí prestado el de otra persona.

Durante la mayor parte de mi vida no sentí enfado hacia mi madre, pero estuve luchando constantemente con la disyuntiva entre hacer lo que me había enseñado ella y no hacerlo.

Me mandara lo que mandase, yo me rebelaba. Se suponía que una mujer debía mantener la casa ordenada, pero cuando dejé el banco y dejé de esforzarme, no fui capaz de limpiar la casa. Odiaba ver cómo se amontonaban las cosas, pero no conseguía recogerlas, a pesar de que quería que todo estuviera ordenado para que fuera agradable vivir allí. Luché durante años contra ello, contra no estar nunca a gusto en mi casa y, a pesar de ello, ser incapaz de intentar arreglarla.

Viví este tipo de lucha de tantas maneras que prácticamente era todo en lo que consistía mi vida. Me agotaba. Nunca supe si algo me gustaba por ser lo que realmente quería o si me gustaba porque mi madre lo habría odiado. Y, aun así, cada elección contra ella me llenaba de culpabilidad. Fuera como fuese, me veía como un fracaso de todas las maneras.

Desde que voy a terapia tengo más energía. A medida que pierdo mis ataduras, me vuelvo capaz de tomar decisiones. Puedo vivir en moderación en lugar de en reacción contra mi madre, tanto respecto a lo que ella aprobaría como a lo que odiaría. Ahora hago las cosas por mis propias razones.

Necesitaba tan desesperadamente que Gil me oyera porque no podía oírme a mí misma. Quería que alguien me sacara del lugar en el que había estado enterrada.

Tal vez las cosas estén ahora mucho mejor entre nosotros porque soy capaz de cuidar de mí misma. Voy abriéndome más cada semana. Estoy más despejada, más libre. Tengo un yo. Ya no necesito que él me cuide. Puedo hacerlo yo. Confío en mí misma. Creo en mí misma.

Viví bajo una nube durante tantos años y a veces me asusta que pueda volver, que esta felicidad sea temporal. Pero cada vez creo más y más que este es mi verdadero yo y que la persona triste y abatida que solía ser no volverá a visitarme durante mucho tiempo.

Principalmente creo que puedo seguir confiando en este proceso que estoy siguiendo. Cuanto más trabaje, más se alejará ese otro yo, como una estación que deja atrás un tren en marcha.

Nuestros límites, nuestro yo

Essie y Jenny son dos mujeres listas y perceptivas que fácilmente pudiéramos haber perdido. No lo digo en el sentido de que pudieran haber muerto (aunque hay gente que se ha suicidado o ha hecho que los maten en circunstancias menos extremas) sino en el de que a nosotros, como personas, se nos hubiera ocultado la especial percepción y los talentos que estas mujeres increíbles y fuertes tienen que ofrecer.

Los avances de la psicoterapia y la progresiva aceptación de los procesos de recuperación han posibilitado que estas mujeres y muchas otras personas que sufrieron unas infancias de abandono y malos tratos vuelvan a incorporarse al mundo con normalidad.

El desarrollo de los límites emocionales y del propio yo van de la mano. Unos límites débiles equivalen a una débil autoimagen; una autoimagen sana equivale a unos límites sanos. Unas fronteras sin un yo serían como un globo pinchado: se desinflarían al quedarse vacío; un yo sin fronteras sería como aire sin un globo: algo sin forma, sin figura, difuso.

Jenny y Essie fueron ambas maltratadas por sus hermanos. Los malos tratos continuaron porque sus padres estaban emocionalmente ausentes. El abuso florece en un ambiente de abandono.

Essie sobrevivió a los malos tratos de su hermanastra, al abandono por parte de su madre y a la falta de conciencia de su padre de una forma sutil que sus ausentes padres no percibieron. Ella se rindió. Retrayéndose a propósito de ser especial, se hizo invisible a sí misma. No quería destacar. Así que se quitó su propio yo de encima como si fuera una prenda peligrosa. Luego, como sólo se sentía segura con su padre, y por tanto no podía arriesgarse a perder las necesarias visitas de éste, se inventó un falso yo que le divirtiera.

Ni a Essie ni a Jenny se les permitía tener una sensación de propiedad sobre sus cosas. La hermana de Essie le rompía cualquier cosa que ella valorase. Jenny tenía que compartir todo lo que era suyo con Chuck. Ambas crecieron con la sensación de que nada de lo que era suyo era seguro y exclusivamente de su propiedad. Aprendieron a tener pocas expectativas.

El derecho a tener un yo

A lo largo de su infancia, Jenny recibió mensajes constantes: su vida no tenía valor en sí misma. Vivía solamente para servir a su hermano. Sin embargo, ella nació con una conciencia muy clara de sí misma. A una edad temprana, tenía fuertes valores y un contacto espontáneo con sus sentimientos. La mayoría de nosotros no tenemos ningún otro marco o referencia más que el que obtenemos de nuestros padres, pero Jenny tenía una voz interior que le decía que había algo que estaba mal en la manera en que la trataban.

El hecho de que se derrotara a una fuerza innata así demuestra el poder que puede tener una familia disfuncional. La enfermedad de los padres derrotó la salud del niño. Sacaron de Jenny su derecho a tener su propio yo. Pero, a través de los años de opresión, sobrevivió una chispa en Jenny. Esta chispa, esta poderosa necesidad de convertirse en sí misma, hizo que Jenny acudiera a terapia y la mantuvo dedicada al proceso de recuperación hasta que esa chispa interior explotara en una llama.

Tanto a Jenny como a Essie les robaron su individualidad. No se les permitía tener límites. No estaban protegidas para poder conservar un yo. Hay miles de personas que crecen en esta situación, como conchas con piernas cuyo yo interior ha sido aplastado o destruido, conchas rellenas con los sueños o valores de otra persona o llenas de odio, rabia, drogas o una obsesión por acumular posesiones... cualquier cosa con tal de no sentirse tan vacías.

FORTALECERSE Y VENIRSE ABAJO

Los límites emocionales definen el yo. Los asaltos a los límites suponen una amenaza para éste. El ser único de cada uno de nosotros está compuesto por un conjunto de ideas, sentimientos, valores, deseos y perspectivas que no tienen un doble en ningún otro ser. Los límites emocionales protegen este conjunto.

¿Qué fortalece los límites emocionales? El derecho a decir no. La libertad de decir sí. El respeto por los sentimientos. El apoyo a nuestro desarrollo personal. La aceptación de las diferencias. El realce de nuestra individualidad. La posibilidad de expresarnos.

¿Qué daña los límites emocionales? El ridículo. El desdén. El escarnio. El sarcasmo. La burla. El desprecio. Los comentarios denigrantes. La comunicación agobiante. La insistencia en la conformidad. La arbitrariedad. La necesidad de dominar. Los juicios severos. Cualquier tipo de maltrato. El abandono. La amenaza. La inseguridad.

En un extremo de la balanza están los maltratos graves y las negligencias que aparecen en unas cuantas de las historias de este libro. Pero ¿qué hay de algunos ejemplos de formas más leves en las que destruimos nuestros límites emocionales?

SER ALGUIEN QUE NO ERES

Piensa en el efecto que tiene pretender ser diferente de lo que eres en realidad. Ser alguien que no eres permite que comportamientos y actitudes ajenas crucen tus fronteras y suplanten tu auténtico ser. Cuando empezamos a hacer esto con mucha frecuencia, empezamos a sentirnos extraños a nosotros mismos. Podemos llegar a perder el contacto con nuestro auténtico yo y no saber lo que realmente queremos o necesitamos.

Tener unos límites despejados y definidos preserva tu individualidad, tu auténtico yo. Eres un individuo independiente, diferente, único. Tu historia, tus experiencias, tu personalidad, tus intereses, tus aversiones, tus preferencias, tus percepciones, tus valores, tus prioridades, tus habilidades... esta combinación única te define como una persona diferenciada de los demás.

Cuando compartes honestamente tu manera de ser, cuando manifiestas tus propios pensamientos, te defines emocionalmente tanto a ti mismo como a los demás. Cuando pretendes adoptar el punto de vista de otra persona, cuando te guardas tu propia opinión, opuesta a la de los demás, te ocultas tus límites a ti mismo y a ellos.

Si sonríes cuando te cuentan un chiste que te ofende, ¿cómo te sientes? Si pretendes mantener una opinión política contraria a tu opinión verdadera, ¿qué ocurre en tu interior? Negar tu auténtico yo provoca malestar. Pero a veces creemos que debemos hacerlo; normalmente, cuando nuestra supervivencia se ve amenazada.

¿Te ha pasado esto a ti alguna vez? Bill Mason fue a comer con otros compañeros de la oficina. Estaban todos categóricamente en contra de la nueva ley de reciclaje. Bill creía que la ley era buena. Se calló porque quería pertenecer al grupo. Su supervivencia económica parecía depender de la aceptación por parte del grupo.

A continuación detallamos algunas otras formas que

supondrían negar tu auténtico yo y debilitar tus límites emocionales:

- Hacer ver que estás de acuerdo con algo cuando en realidad estás en contra de ello: «Me encanta ese color». (En realidad lo odias.)
- Esconder tus verdaderos sentimientos: «No me sentí dolido». (Estabas realmente dolido.)
- Seguir adelante con una actividad que verdaderamente no quieres hacer y no indicar nunca lo que preferirías: «Esa película me parece bien». (Preferirías dar un paseo.)
- Rehusar unirte a una actividad que realmente quieres hacer: «No gracias; id vosotros». (En realidad te mueres de ganas de ir con ellos.)
- Forzarte más allá de tus límites.
- Trabajar demasiado duro.
- Hacer demasiado para los demás.
- No descansar cuando estás cansado.
- Ignorar tus necesidades.
- No tomar comidas regulares y sanas.
- No dormir lo suficiente.
- Pasar demasiado o demasiado poco tiempo solo.
- Hacer demasiado o demasiado poco ejercicio.
- Tener un contacto insuficiente con la gente que realmente te quiere.
- Realizar pocas o demasiadas actividades de ocio.
- Consumir sustancias químicas para evadirte: nicotina, alcohol, cafeína, azúcar, pastillas, drogas.
- Adoptar obsesiones para evadirte de ti mismo. La comida, no comer, el ejercicio, el trabajo, las

compras, gastar, la televisión, el sexo, los juegos, los deportes... todos ellos pueden llegar a practicarse obsesivamente.

Si te sientes dolorosamente familiarizado con estos ejemplos, apuesto lo que quieras a que aprendiste a sacrificar tus verdaderas opiniones para sobrevivir a algún tipo de actitud malsana en tu familia original.

Negarnos a nosotros mismos da una sensación más segura

El daño que sufrimos de niños a menudo nos predispone para seguir sufriéndolo de adultos. Si de niños tuvimos que negar nuestros auténticos pensamientos o sentimientos para estar seguros, es probable que, como adultos, continuemos negando lo que es verdadero para nosotros. Decir la verdad provoca sensación de inseguridad, de amenaza para la supervivencia.

Vaya dilema. Negarnos a nosotros mismos resulta más seguro, pero confunde la conciencia de quién somos; el camino seguro viola los límites emocionales.

¿Cómo podemos solucionar el dilema? Si el desarrollo de tus límites sufrió un daño grave cuando eras niño, puede que la terapia sea el camino más eficaz. Cuando no conseguimos librarnos de las cuestiones que comenzaron cuando éramos niños, estamos destinados a revivirlas una y otra vez. «Los niños que sufren un trauma que les afecta en lo profundo de su ser e identidad –escribe Jane Middleton-Moz–, buscan resolver ese trauma y conseguir completar su desarrollo en la vida adulta repitiendo la lucha con figuras de autoridad, en las relaciones íntimas, con sus propios hijos o en la terapia».[3]

O bien luchamos eternamente con esas cuestiones con los jefes, amigos, cónyuges, compañeros e hijos, u obtenemos ayuda profesional que nos enseñe cómo construir límites y defender nuestra seguridad con ellos.

¿Qué más puedes hacer para reforzar la conciencia de tu propio yo y tus límites emocionales? Llegaremos a eso en el capítulo 10.

Comprobación de vallas

Ejercicio 5.1.

Material: 25-30 monedas de céntimo, un conjunto de ropa que tenga al menos un bolsillo.

Parte 1
1. Guarda las monedas en tu bolsillo o ponlas en un montón sobre tu mesa o dentro de una bolsa a mano. Ése es el banco.
2. Hoy y mañana, cada vez que refuerces tu verdadero yo afirmando tus verdaderos sentimientos u opiniones o realizando una elección saludable para ti mismo, obséquiate con un céntimo.
3. Mañana por la noche cuenta los céntimos que tienes. Guarda el banco.

---

3. Jane Middleton-Moz, *Children of Trauma* (Florida: Health Communications, 1989), p. 64.

Parte 2
1. Dentro de tres o cuatro días, lleva los céntimos que hayas ganado en tu bolsillo.
2. Cada vez que te niegues a ti mismo escondiendo tus verdaderos pensamientos o sentimientos, realizando elecciones dañinas, dale un céntimo a alguien. Si te quedas sin céntimos, coge prestadas algunas monedas de cinco céntimos de tu fondo normal y págaselas al banco.
3. Al final del cuarto día, cuenta los céntimos que sean tuyos. ¿Te has quedado sin céntimos? Cuenta las monedas de cinco céntimos en el banco. ¿Te negaste a ti mismo más de lo que te diste?
4. Comenta lo que hayas aprendido con un verdadero amigo.

Consecuencias internas

Ejercicio 5.2.

Parte 1
1. Céntrate en un incidente en el que negases tu verdadero yo. Piensa en él. Siéntelo.
2. Escribe el incidente. Describe las distintas formas en que te negaste a ti mismo y cómo lo sentiste. Imagínate cómo te sentías cuando el incidente pasó. Imagina tus límites en ese momento. ¿Los tenías claros? ¿Tenías una conciencia clara de ti mismo? ¿Eran tus límites confusos?

Parte 2
1. Céntrate en un incidente en el que reafirmases tu auténtico yo. Piensa en él. Siéntelo.
2. Describe el incidente. Describe las distintas formas en que reafirmaste tu auténtico yo y lo que sentiste. Imagina cómo te sentiste cuando terminó el incidente. Imagina tus límites en ese momento. ¿Te resultaron más claros? ¿Te quedó una conciencia más clara de ti mismo? ¿Se vieron tus límites reforzados?
3. Lee lo que hayas escrito a un amigo en el que confíes.

Capítulo 6

Límites variados

LOS PERROS VIENEN CUANDO SE LES LLAMA

Existen muchos tipos de límites. Pueden ser rígidos, flexibles, permeables o impermeables. Pueden estar situados a una gran distancia o muy cerca.

Si le damos la razón a la escritora Mary Bly, los perros y los gatos pueden demostrar estas diferencias. «Los perros —escribe—, vienen cuando se les llama; los gatos captan el mensaje y vienen cuando quieren.»

Mi perra quiere estar tan cerca de mí como pueda. La gran tragedia de su vida es que lo que más desea en el mundo es ser una perrita faldera, pero con 25 kilos de peso no puede ser.

Está constantemente pendiente de mí e incluso se despierta cuando está durmiendo para venirse conmigo. Su familia es el centro de su vida. Tiene sus límites a una distancia muy corta. Ella presupone que los demás animales deben tener unos límites igual de cercanos y, debido a ello, se mete siempre en líos con uno de nuestros gatos.

LOS GATOS CAPTAN EL MENSAJE
Y VIENEN CUANDO QUIEREN

Los gatos tienen unos límites muy marcados. En general, hacen sólo lo que quieren. De vez en cuando les apetece acercarse, pero son ellos los que establecen cuánto y cuándo. En cuanto se les acaricia un poco, les resulta más que suficiente. Se levantan y se van al otro lado del sofá o a algún otro sitio cómodo para descansar. Son conscientes de cuando me levanto yo, me marcho o entro, pero no dejan de hacer lo que estén haciendo. Si entro en la habitación, puede que abran un ojo, pero, a continuación, siguen con su siesta gatuna. Sus límites están a mayor distancia que los de un perro, y son menos flexibles.

Uno de los gatos, Princess, fue criado por la perra. Cuando era una gatita pequeña, Fluff la lamía y la achuchaba con el hocico todo el tiempo y, a veces, le daba unos lametones tan fuertes que tiraba a Princess al suelo o la empotraba contra la pared.

Ahora que es una gata adulta, Princess le deja a Fluff hacer lo que no le tolera a ninguna otra criatura, ya sea hombre o bestia. Ella se pavonea por la habitación y Fluff va corriendo hasta ella y la lame enérgicamente. Su gran lengua deja a Princess hecha una fregona mojada. Pero la gata lo tolera, saliendo de ello como un marinero despeinado. Con su madre de alquiler, los límites de Princess son flexibles.

Eso es asunto mío

Los límites pueden llegar a estar tan cerca que te des de narices con toda la gente que conozcas. Si crees que tienes que contestar a cualquier pregunta que se te haga, si crees que tienes que contarle tus pensamientos o sentimientos a cualquiera, es que tienes los límites demasiado cerca.

Tienes derecho a privacidad. Tú eliges qué pensamientos y sentimientos quieres compartir y con quién. Nadie tiene derecho a acceder a una información que tú quieras guardarte para ti. Si alguien te hace una pregunta indiscreta, tú no tienes por qué pagar el precio de su falta de sensibilidad.

Algunas respuestas que puedes dar cuando te hagan una pregunta desconsiderada son: «No me apetece hablar de ello», «prefiero reservarme eso para mí», «eso es asunto mío», «me sorprende que te creas con derecho a esa información», «huy, eso es privado»...

Padres con goteras

Los padres con límites demasiado cercanos y con demasiadas goteras pueden cargar a sus hijos con información inapropiada. Un niño que se vea expuesto a problemas adultos creerá que se espera de él tener la madurez suficiente para solucionarlos, y se preocupará de que los padres necesiten más de él de lo que es capaz de dar. Los niños así crecen sintiéndose insuficientes y demasiado responsables.

COMPAÑEROS ABSORBENTES

Un compañero que tenga límites demasiado cercanos puede ser demasiado vulnerable a los cambios de humor de su cónyuge. Como una esponja, absorberá cada ceño fruncido, cada gesto tirante de la mandíbula del otro y se sentirá responsable de ello. Puede que asuma una responsabilidad que no es suya. Puede que haga demasiado por su pareja, que asuma tareas que no son de su competencia.

En contraposición, los límites pueden estar a veces demasiado lejos. Una persona puede poner vallas a una gran distancia de su yo interior. Cuando éste sea el caso, incluso un gesto amistoso puede tomarlo como indiscreto. Una persona así está aislada. Tendrá problemas a la hora de hacer amigos y dificultad expresando confidencias incluso a gente segura, y vivirá en la soledad.

LOS LÍMITES LEJANOS EQUIVALEN AL ABANDONO

Cuando los padres tienen unos límites demasiado amplios, el niño experimenta el maltrato de la excesiva distancia, del descuido, de un afecto y un contacto físico sano insuficientes, del abandono y el miedo que se producen al no sentirse conectado a la persona que lo cuida. La distancia de la madre puede impedir que establezca un lazo de unión con su hijo. Los hijos perciben cuando un padre no se siente unido a ellos, y es una soledad que asusta la que se sufre cuando el lazo es de una sola dirección, del hijo hacia la madre. La distancia de los padres también puede evitar que el niño establezca un lazo con ellos. A un niño así es probable que le resulte difícil establecer un vínculo con otro. Puede que siga el ejemplo de su padre y establezca unos límites distantes.

En una pareja, si uno de los miembros tiene unos límites lejanos de su yo interior puede que tenga dificultad a la hora de conectar con su cónyuge. Puede que tenga un contacto pobre con sus propios sentimientos y sea incapaz de comunicar con ellos. Puede que interprete el afecto como una intromisión y el interés como una indiscreción. Puede que se sienta fácilmente dominado.

Cerca y lejos

Una madre puede estar demasiado cerca y demasiado lejos a la vez. Puede invadir el espacio del niño intentando conocer todos sus secretos, exigiéndole constantemente que piense y actúe de una forma determinada, y aun así ser emocionalmente inaccesible para el niño. Puede que una madre exija a un hijo que atienda todos y cada uno de sus deseos y necesidades, que sea su constante apoyo emocional, mientras que ella permanece ciega a las necesidades de él.

Por supuesto, una persona con límites muy cercanos puede casarse con alguien con límites muy lejanos. Ocurre todo el tiempo. Terry tiene límites cercanos, está desprotegida; Chad tiene unos límites tan lejanos que no puede conectar con ella. Esto causa una constante tensión en la relación. Así que, a veces, Terry renuncia a sus límites; otras veces se los acerca aun más (para intentar demostrarle el desarrollo de los sentimientos a Chad o para engatusarle para que él corresponda a su comportamiento abierto). Chad, sin embargo, a menudo encuentra esto desagradable y se retrae todavía más. La lucha de poder entre los esfuerzos de ella por acercarle más y los de él por resistirse constituye el hilo central de la relación.

Alejado de la vida

Cuando los límites son muy rígidos, no dejan entrar nuevas ideas o experiencias. Puede resultar difícil establecer un vínculo con una persona que tenga unos límites muy rígidos. Una persona así tiene una estrecha perspectiva de la vida, ve las cosas de una forma determinada y no es capaz de discutir las cuestiones que quedan fuera de su campo de visión.

Fred (en el capítulo 2) negaba la existencia de sentimientos. Recuerda: tenía unos padres remotos, ambos limitados en su habilidad de conectar con él. Su falta de conexión evitaba que sus sentimientos afloraran a la superficie y, si llegaban a salir algunos, eran insoportables. Así que, de adulto, en las situaciones extremas en las que Fred no podía evitar tener sentimientos (como cuando su mujer le dejó), su dolor explotaba descontroladamente. Sin embargo, ese dolor, en contraste con su habitual existencia controlada, le resultaba tan intolerable que lo ahogaba tan pronto como le era posible. Nunca llegó a acostumbrarse a sentir. Nunca guardaba los sentimientos lo suficiente como para aprender que se mitigarían por sí mismos si se les prestaba suficiente atención.

Fred no sólo controlaba su dolor, divertirse tampoco era algo que le resultara fácil, ni tampoco estar abierto a las emociones relativas a un acontecimiento alegre. Su cara tenía la misma expresión cuando se dirigía a un jurado que durante un picnic. De hecho, a menudo parecía tener más pasión en la sala del juzgado, pero eso lo hacía para apoyar su causa. Utilizaba la apariencia de los sentimientos cuando le servía a sus propósitos.

Su mujer se quejaba de que no aceptaba los sentimientos como razones válidas para justificar un comportamiento determinado. Si ella decía que estaba cansada de cocinar, él insistía en que ella estaba siendo poco razonable. No consideraba que el aburrimiento o la falta de interés fueran razones legítimas y utilizaba todas sus habilidades dialécticas para echar por tierra las afirmaciones de ella. Una vez discutieron durante tres horas porque ella no quería hacer la cena.

Fred estaba tan aislado de sus sentimientos que respondía a su mujer como si fuera una piedra. Apenas reconocía los triunfos personales de ella y, cuando ésta expresaba preocupación, hacía una mueca de desdén. Sus límites eran tan rígidos y tan impermeables que no podía unirse a otros en la experiencia humana corriente.

Límites demasiado flexibles

En contraposición, los límites pueden llegar a ser tan flexibles que no conserven una forma precisa. En una fiesta de la vecindad, Eva estuvo de acuerdo con una mujer en que el verano había sido tan caluroso que apenas había salido de casa. Quince minutos después, le dio la razón a otra persona que decía que aquel año el verano había sido mucho más soportable.

Eva era un camaleón. Respondía siempre positivamente a la exigencia más reciente. Si sonaba el teléfono cuando estaba saliendo por la puerta de casa para llevar a los niños al colegio, se ponía a hablar durante tanto tiempo como quisiera la persona que había llamado, o hasta que los niños se pusieran más insistentes aún.

Una personas cuyos límites son demasiado flexibles puede que se sienta abrumada por la vida. Cada petición nueva la distrae. Tiene dificultad estableciendo prioridades y siguiéndolas. Acaba de empezar a hacer una cosa cuando ya hay otra que la está desviando de ella. Puede dar una impresión desorganizada.

Una madre demasiado flexible privará a sus hijos de la sensación de seguridad que da el tener un programa, unos principios y unos límites claros. No será capaz de proteger sus propias necesidades y podría criar a unos hijos egoístas que no aprendieran nunca a respetar las necesidades de otra persona. Una madre que no sea capaz de establecer prioridades, que llega, por ejemplo, siempre tarde, puede hacer que un niño se sienta insignificante y abandonado. Como no es capaz de adoptar prioridades, no consigue establecer que el niño es su prioridad.

Éstos son ejemplos extremos. Una misma madre podría ser muy rígida o muy flexible en unos aspectos y muy equilibrada en otros. Sin embargo, una madre demasiado flexible podría llegar a ser manipulada por sus hijos, lo que les daría mucho poder. Los niños necesitan límites y una estructura.

Un miembro de una pareja cuyas fronteras sean demasiado flexibles puede llegar a resultar, como poco, irritante y, llegados a un extremo, de poca confianza. La incapacidad de establecer unos límites puede conducir, para empezar, a un afecto inapropiado fuera de la relación.

Una persona cuyos límites sean demasiado flexibles puede que ni siquiera sea capaz de elegir a una pareja o cónyuge. Puede que piense que debe corresponder a quien la necesite y, por tanto, casarse con alguien simplemente porque se lo pida, no por que ella considere que es su propia elección.

Unos límites demasiado flexibles pueden producir crispación en un matrimonio. La esposa puede irritarse con el desorden de su marido, que hace cosas como olvidarse de sacar unas entradas porque, de camino, vio una máquina de sacar brillo a los zapatos y se entretuvo con ella, en lugar de ir a por las entradas.

Unos límites elásticos pueden dañar un matrimonio. Puede que ella deje que se le acerquen los hombres demasiado en una fiesta, permitir caricias o afectos que violen su voto de fidelidad. Él podría perder la confianza en ella al ver que es tan receptiva a los demás.

¿Dónde terminas tú y empiezo yo?

Los límites demasiado permeables conducen a la dependencia. Cuando dos personas son dependientes están tan mezcladas la una con la otra que ninguna de las dos puede estar segura de dónde termina ella y dónde empieza el otro. Si una madre es incapaz de dejar que su hija desarrolle su individualidad, la madre percibirá las experiencias de la hija como si le estuvieran ocurriendo a ella.

Sue consideraba a su madre su mejor amiga. Ninguna de sus amigas adolescentes tenía una madre que se implicara de la forma en que lo hacía su madre. Tenían la misma ropa y escuchaban la misma música. La madre de Sue aprendía los bailes que aprendía Sue e iba a todas las competiciones de ésta. Pero, un día, Sue dejó que una amiga le cortara el pelo. Se lo puso de pincho. «¿Cómo te atreves a ir por ahí con esa pinta? –dijo su madre–. ¿Qué pensará la gente de mí?»

Cuando la identidad de un padre se sumerge en la del hijo, ambos salen perdiendo. El niño tiene dificultad a la hora de desarrollar la conciencia de sí mismo. El padre evita las tareas propias de su verdadera edad.

Los padres que se han centrado en la supervivencia, que nunca han tenido una infancia, son especialmente vulnerables a esto. Quieren volver y disfrutar de la diversión que se perdieron de niños. Desgraciadamente, una infancia perdida no es algo que pueda encontrarse a través de otra persona. Si te perdiste algo de niño, tienes que recuperarlo tú mismo, no por medio de otro.

Un niño que crece dependiente de un padre es probable que luego se vuelva dependiente de una pareja. Una esposa dependiente adoptará las actitudes de su marido, sus intereses y metas como si fuesen las suyas propias. No verá con su propia perspectiva, sino con la de él.

Algunas señales indicativas de dependencia son: hablar por el otro, contestar por el otro y reaccionar a un acontecimiento como lo haría el otro. Es como si uno llevara al otro con él, en su propio cuerpo y mente.

Mezcla o emparejamiento

Las personas de familias disfuncionales pueden tener un batiburrillo de límites. Puede que las fronteras de un marido sean demasiado permeables con los demás pero demasiado rígidas con su familia. Las fronteras de una esposa puede que sean demasiado flexibles cuando come abundantemente y demasiado rígidas cuando está a régimen.

¿Cuál debe ser la meta de una persona que quiera estar sana? Configurar unos límites que tengan algo de flexibilidad y algo de firmeza, unos límites que se adapten adecuadamente según las situaciones: que se extiendan para los extraños y se contraigan para los íntimos.

Los límites deberían estar suficientemente definidos para preservar nuestra individualidad y, sin embargo, suficientemente abiertos para admitir nuevas ideas y perspectivas.

Deberían ser lo suficientemente firmes para mantener claros nuestros valores y prioridades, y lo suficientemente abiertos para comunicárselos a la gente adecuada, pero también lo suficientemente cerrados para resistir el asalto de aquellas personas desconsideradas y mezquinas.

Las condiciones de los límites son cruciales

«Todo en el universo consiste en algo organizado rodeado por un límite…», escribe Richard Rhodes, parafraseando al metalúrgico de origen británico Cyril Stanley Smith.

«Smith –dice Rhodes–, estudia las cuestiones esenciales mejor que ninguna otra persona que yo conozca, y una sobre las que más le gusta pensar son los límites.»

«Según Smith –continúa Rhodes–, las condiciones de los límites determinan que el organismo en su interior se desarrolle o no. Si el límite es demasiado rígido e impermeable, el organismo no puede alimentarse ni respirar o expulsar los deshechos; en definitiva, no se puede comunicar eficazmente con el resto del universo. Si el límite es demasiado poroso, no puede aislarse suficientemente a sí mismo del resto del universo para funcionar, es decir, pierde su identidad. En las amebas y los seres humanos; en las estrellas y las naciones, las condiciones de los límites son cruciales.»[4]

Las rígidas e impermeables fronteras creadas con el muro de Berlín y simbolizadas por el Telón de Acero controlaban y daban forma a las culturas que contenían. Hoy, sin embargo, ahora que el muro ha caído y el Telón de Acero que conocimos ya no existe, el Este y el Oeste se abrazan tímidamente. El Oeste, especialmente, está transformando al Este.

Desde los primeros días de la existencia de los Estados Unidos, llegaron y llegan inmigrantes y refugiados con el propósito de renunciar a sus fronteras originales. En su urgencia por convertirse en estadounidenses, muchos de ellos renuncian gustosamente a las culturas en las que nacieron. (O no tan gustosamente, como los afroamericanos y los nativos americanos, a los que les fue arre-

---

4. Richard Rhodes, «Beyond the Wall», *Rolling Stone*, 8 de marzo, 1990, p. 92.

batada su cultura por la gente en el poder. La pérdida de estas tradiciones es una pérdida para todos nosotros.)

Las fronteras sanas protegen sin aislar, contienen sin aprisionar, y preservan la identidad, a la vez que permiten los contactos externos. Las buenas fronteras hacen buenos vecinos.

Desenmascarando la dependencia

Ejercicio 6.1.

Comprueba si eres capaz de identificar las frases que indican dependencia.

1. «Joan, queremos llevaros a ti y a Harry a cenar. ¿Cuál es tu restaurante favorito?»
   «El Seattle Grill», responde Joan automáticamente. (Es el restaurante favorito de Harry.)
2. «Joan, ¿qué tal te sientes hoy?»
   «Harry tiene un resfriado horrible. No ha podido dormir en toda la noche.»
3. «¿Qué tal tus vacaciones?»
   «Nos han encantado.»
4. «Te presento a mi otra mitad.»
5. «Lava tu coche. También habla de mí.»
6. «Pasamos cada minuto juntos. No soporta tenerme fuera de la vista.»
7. «Estoy hambriento.»
   «No, no lo estás.»
8. «No puedes ponerte eso, me daría vergüenza ajena.»

9. «No me gustan las ostras.»
   «Claro que te gustan.»
10. «Estamos de acuerdo en todo.»

Las respuestas están al final del capítulo.

Detectar problemas de límites

Ejercicio 6.2.

Identifica los problemas de límites en las siguientes afirmaciones:

R = Demasiado rígido   F = Demasiado flexible
P = Demasiado permeable   C = Demasiado cerrado
D = Demasiado distante   E = Dependiente

1. «¿Qué quieres hacer este fin de semana?»
   «Lo que tú quieras.»
2. «Estoy enfadado contigo.»
   «No, no lo estás.»
3. «El trabajo de mi marido es mucho más importante.»
4. «Ella es la que cría a los niños. Mi trabajo es ganar dinero.»
5. «Tommy es igual que su padre.»
6. «Estoy triste.»
   «Yo te enseñaré lo que es la tristeza.»
7. «No debes chillarle nunca a tu hermana.»
8. «No distraigas a tu padre cuando esté leyendo el periódico.»

9. «Que tierno, ¿verdad? Las gemelas todavía se visten igual.»
10. «Yo soy veterinario y nuestros hijos serán veterinarios.»

Experimentando muros

Ejercicio 6.3.

Material: 8-9 metros de cordel por persona, un cronómetro, un trozo de red o una pantalla o una tela de punto abierto para cada dos personas.

Experimenta los siguientes tipos de límites con un amigo o en un grupo de recuperación o terapia.

Límites rígidos

Primero extended tu compañero y tú el cordel en el suelo, en forma de cuadrado. Los cuadrados no deben tocarse. Colocaos dentro de vuestros cuadrados respectivos y hablad de alguno de los siguientes temas durante cinco minutos.

Uno de vosotros sólo puede hacer comentarios relativos a los sentimientos; el otro, sólo comentarios de hechos y de opinión. Cuando hayáis terminado, hablad de cómo os sentísteis y en qué forma os recordó a vuestras familias.

Temas
- El aborto
  Ejemplo de un intercambio de comentarios sobre el aborto:
  OPINIÓN: «Creo que la mujer debe tener control sobre su propio cuerpo.»
  SENTIMIENTO: «Yo lloré cuando mi hija abortó a su bebé.»
- El estado actual del sistema legal. (Por ejemplo: los derechos de los criminales contra los derechos de las víctimas.)
- El último escándalo gubernamental.
- El control de armas. (Por ejemplo: la existencia de un periodo de espera para la compra de pistolas de mano frente a la venta abierta.)
- Los derechos de los animales. (Por ejemplo: la utilización de los animales para investigación.)

LÍMITES FLEXIBLES

1. Haz un círculo con tu cordel, pero mueve la muñeca para que el círculo quede serpenteante. Tu compañero también tiene que hacer un círculo serpenteante, de forma que un trozo de su círculo quede sobre el tuyo.
2. Poneos de pie en medio de vuestros círculos. Hablad sobre uno de los temas anteriores. Tenéis que estar de acuerdo con todo lo que diga vuestro compañero.

Dependencia

1. Moved los círculos para que se superpongan uno sobre otro considerablemente. Poneos de pie en el centro de vuestros círculos. Hablad sobre las cualidades que os hacen únicos.
2. Moved vuestros círculos para que estén uno encima de otro. Poneos de pie en el centro. Hablad sobre vuestra independencia de los demás.
3. Después de diez minutos, moved vuestros círculos para que la distancia resulte cómoda. Hablad sobre cómo habéis percibido los diferentes grados de cercanía y cómo os recordaron a vuestras familias.

Respuestas. Ejercicio 6.1 Todas indican dependencia.

Ejercicio 6.2 1.F; 2. E o R; 3. P o F; 4. R; 5. E; 6. R, C, o D; 7. R o D; 8. R o C; 9. E; 10. R y E.

Capítulo 7

LA VIOLACIÓN DE LÍMITES

CERRAR EL CÍRCULO

La violación de límites es un asunto grave. El superviviente de la transgresión es el que soporta el castigo de la conmoción emocional producida, pero nadie en el círculo inmediatamente cercano sale ileso.

Se comete una violación de límites cuando alguien, consciente o inconscientemente, cruza los límites emocionales, físicos, espirituales o sexuales de otra persona. Las violaciones de límites pueden ser accidentales o deliberadas. Pueden realizarse maliciosamente, desconsideradamente o por amabilidad.

Tanto si una violación es intencionada como si no, tanto si se ha cometido por malicia o por ignorancia, sigue siendo una transgresión. Todavía hiere. No sé cuántos pacientes han justificado a su transgresor diciendo: «No quería hacerlo», «no pudo evitarlo», «no sabía qué hacer si no», «le criaron así».

Defienden a sus padres o compañeros por razones que habría que estudiar, pero no hay que ignorar la realidad de la transgresión. Intencionadas o no, malévolas o no, las violaciones de límites tienen consecuencias, especialmente para los niños, consecuencias que pueden afectar a un futuro lejano. Para que las reverberaciones cesen, hay que identificar la transgresión, nombrar al ofensor y ayudar al superviviente a explorar y expresar sus sentimientos y a reconstruir el límite violado.

Todas las relaciones tienen límites

Los límites nos indican que cierto comportamiento en el contexto de determinadas relaciones es inapropiado. Todas las relaciones, incluso las más íntimas, tienen límites a lo apropiado. Cuando alguien actúa de forma inapropiada dentro de los límites de una relación, a menudo le conduce a transgredir un límite.

Las violaciones de límites pueden curarse inmediatamente si los que las sufren le indican al intruso que ha transgredido un límite y éste se disculpa inmediatamente, o si éste, de alguna forma, expresa preocupación por lo que ha hecho.

Fíjate en las dos partes que hay: por un lado, aquel cuyos límites han sido transgredidos debe hacer ver la ofensa y, por otro, el que ha ofendido debe respetar el límite que le indican.

Los niños, evidentemente, sólo pueden ser conscientes de sus límites si se les permite tenerlos. Así que los padres son responsables de no transgredir los límites del niño, aunque estén en la situación de poder hacerlo si quieren.

Ciertos roles conllevan rango o poder. Padre, supervisor, jefe, propietario, profesor, director, entrenador, jefe de campamento, líder *scout*, terrateniente, sargento, general, terapeuta, pastor religioso, rabino, gurú, consejero, psiquiatra, doctor, abogado, policía... todos son roles que conllevan poder.

Un supervisor, un jefe, un propietario, un oficial militar, un profesor o un entrenador tienen poder porque pueden influir en el futuro económico de un subordinado. El sustento del subordinado está en sus manos.

Padres, curas, rabinos, doctores, abogados, terapeutas, profesores y líderes Scouts están investidos de confianza. Sus posiciones de liderazgo implican preocuparse por, abogar por, o enseñar a aquellos que están a su cargo. Han sido designados de forma realista como expertos dentro de su campo.

Aunque nosotros, la gente por la que se preocupan, no somos técnicamente subordinados, les confiamos a esas personas autoridad sobre los aspectos más críticos de la vida, autoridad que les permite sancionarnos o invalidarnos. Sin embargo, el liderazgo y la confianza que invertimos en ellos lleva implícita una responsabilidad. El desarrollo de la ética es el reconocimiento de esta responsabilidad.

Los padres tienen el poder de legitimar o rechazar la valía de su hijo; a un terapeuta se le confían los secretos más profundos de sus clientes; un pastor otorga sanciones desde el más alto poder del universo. El potencial que tienen para hacer daño es sobrecogedor.

Para una persona este rol, esencialmente de guardián, transgredir límites sexuales es una violación grave. Un niño, un paciente, un seguidor, un fiel... son vulnerables y se acercan a su autoridad por necesidad. Un acto sexual cometido por un guardián resulta muy confuso incluso para un individuo fuerte y sano. Para alguien vulnerable y necesitado, un acto así puede resultar devastador.

Cuando los padres abusan sexualmente de un hijo, la transgresión repercute durante décadas. Se rompe la confianza, el niño asume la responsabilidad de lo sucedido, la sexualidad se ve afectada y se daña el lazo. Cuando un terapeuta, un médico, un cura o un abogado tienen un comportamiento sexual con un cliente o un fiel, también es incesto. Se rompe la confianza, se pervierte la unión. La persona que busca cuidado es utilizada para satisfacer las necesidades del que debería cuidarle.

Cuando el cuidador inicia una interacción que es sólo apropiada entre iguales se dan transgresiones más sutiles. Tu médico no es tu igual. Tu terapeuta no es tu igual. Si tú te descubres ante alguien pero esa persona no se descubre ante ti, no sois iguales.

¿Cómo puedes saber si alguien es un igual? Si sabe más de ti que tú de él, no es un igual.

Es demasiado joven para recordar lo que yo hice

La más seria violación de poder es la que puedan cometer los padres o cuidadores de un niño respecto a su límite sexual. ¿Por qué? Cuando se transgreden los límites sexuales de un niño las consecuencias que tendrá para éste llegarán muy lejos en el futuro, como una mano que se extenderá a través de los años para destrozar los días y las horas de toda una vida.

Una familia que consiente el abuso sexual enseña a los niños a ser víctimas y depredadores. ¿Por qué empleo la palabra *consiente*? Se conocen casos de madres que le han entregado sutilmente una hija al padre para mantenerle conectado a la familia. Tal vez sea un ejemplo extremo, pero se consiente el incesto cuando uno de los padres mira para otro lado, está demasiado ocupado para enterarse de lo que le está ocurriendo al niño o fomenta un ambiente en el que éste no se siente suficientemente seguro para expresar sus sentimientos.

Las familias consienten los malos tratos por razones particulares e intrincadas. Los niños a veces son sacrificados por la seguridad y las necesidades sexuales o emocionales de los padres.

En el capítulo 2, Donna habló de las violaciones sexuales que cometió su padre desde que ella tenía cuatro años. Ella es una mujer brillante, cálida y atractiva. Habló de los años que dio todo de sí misma a su marido y a sus hijos. El abuso que sufrió en su infancia impidió que desarrollara sus límites.

Muchos de mis pacientes que sufrieron abusos cuando eran niños tienen una noción muy leve de los límites. La violación sexual parece aniquilar también los límites emocionales, espirituales y relacionales. Sufrir en la infancia un solo incidente sexualmente explotador (no necesariamente la penetración, sino caricias o miradas inapropiadas) puede causar un daño profundo.

Cuando oigo la frase «abuso sexual leve», me dan escalofríos. Cualquier abuso sexual tiene repercusiones. «Es demasiado joven para recordar lo que yo hice.» Los cuerpos, por lo visto, recuerdan todo, incluso aunque el recuerdo mental sea confuso. Los incidentes sucedidos antes de que el niño pueda hablar marcan la mente con mensajes indelebles. Esos mensajes controlan a la persona ya crecida, hasta que una terapia cuidadosa y acertada debilita su poder.

¡Atención! Las violaciones de límites sexuales provocan consecuencias severas, amplias y duraderas. Tales violaciones impiden el desarrollo de los límites.

Los niños se dan cuenta de todo

¿Qué puede considerarse una violación de los límites sexuales? Caricias, palabras o miradas inadecuadas que sexualmente gratifiquen a una persona a expensas de otra que es explotada contra su voluntad. En el caso de un niño, esto implica también caricias, palabras o miradas que gratifiquen sexualmente a una persona mayor.

Muchos niños son como receptores de radar en miniatura. Se dan cuenta de todo. Son muy observadores y se percatan enseguida de un matiz, de una insinuación, de una mirada. Sus interpretaciones y conclusiones se originan a partir de cinco delicados sentidos. Estas interpretaciones pueden tener la fuerza de una bala.

Un padre que disfruta del desarrollo corporal de su hija adolescente, se lo comunica, por muy sutilmente que sea. Ella se dará cuenta de lo que pasa y se sentirá insegura en su casa. Incluso aunque él no la toque nunca, la seguridad de ella ha sido violada.

Una madre que juega con los genitales de su hijo pequeño, ya sea niño o niña, aprovecha la confianza del niño únicamente por su afán de curiosidad. ¿Cómo se dan cuenta los niños de la diferencia entre el contacto físico debido a motivos de higiene y el contacto físico sexual o abusivo? Se dan cuenta.

Tú te das cuenta, ¿no? Un compañero de trabajo te abraza en Navidad y te sientes alentada. Otro tipo te abraza y te dan ganas de llevar tu ropa al tinte. ¿Cómo te das cuenta? Simplemente lo sabes, ¿no? Los niños también.

El abuso afecta al desarrollo de los límites

Cuando a un niño lo violan sexualmente, ello puede producir un efecto escopeta de consecuencias (un montón de efectos secundarios inesperados): puede que crezca pensando que su papel es entregarse a los demás; puede que no tenga conciencia de sí mismo; podría creer que no se le tiene permitido marcar límites a la gente o que, si lo hace, sus límites siempre se verán sobrepasados; puede que llegue a confundir el afecto con el sexo, utilizando así el sexo para obtener cuidados o afecto, o puede que le dé miedo que el afecto conduzca al sexo; puede que establezca unos límites tan rígidos que no permita entrar a nadie en su vida; puede que coma más de la cuenta para que la gordura le aporte un muro frente a los demás o puede que se convierta en una persona asustada sin ninguna conciencia interna de seguridad. Las posibilidades son infinitas.

Es posible curar estas violaciones de límites, pero lleva tiempo y mucho trabajo.

El contacto abusivo es un robo

Las violaciones de límites sexuales puede cometerlas cualquiera que esté en una situación de poder. Los hermanos mayores, los vecinos y los parientes son todos más poderosos que el niño. Los padres son responsables de asegurarse de que el niño está con gente realmente segura, y de facilitarle la posibilidad de hablar de cualquier cosa, de forma que, si cualquiera viola esa confianza, el niño sepa que está bien contarlo.

Otras violaciones de confianza y poder ocurren cuando un médico, un terapeuta, un cura o un abogado tienen un comportamiento sexual hacia un paciente o un cliente. Los comentarios, caricias o miradas sexuales explotan a la persona necesitada, que generalmente es la que le ha concedido la autoridad al profesional. Alguien que busca ayuda de un médico o un sacerdote es más vulnerable a ellos que alguien aparcando el coche o comprando brécol.

Si tu jefe te da una palmadita en el culo o se roza con tu pecho, es una violación de límite sexual. Si a través de los años has desarrollado una relación cálida y de confianza con él, recibirás un abrazo de su parte a gusto. Se nota la diferencia.

El contacto abusivo resta. El contacto afectuoso suma.

Otro tipo de violaciones de poder son, por ejemplo, el abuso físico y emocional de los subordinados. Cuando los azotes de un padre se convierten en una paliza, es una violación de los límites físicos del niño. Cuando un jefe le grita abusivamente a un técnico, es una violación del límite emocional de éste.

El contacto que duele, daña o degrada es una transgresión física. Cuando un jefe pellizca a su secretaria, un profesor tira de la oreja a un alumno o un entrenador abofetea a un jugador, todos ellos cometen una transgresión. No importa lo alta que sea la posición que ocupe alguien, no es el dueño del cuerpo de otra persona. Todos tenemos el derecho de limitar o negar el contacto físico con nosotros a otra persona.

Cuando una autoridad cree que tiene derecho de decir lo que quiera a otra persona se da una violación de límites emocionales. Un jefe no tiene ningún derecho a hacer un comentario sobre tu cuerpo a no ser que éste tenga una relación directa con el trabajo que desempeñas. Los comentarios sexuales, como dije, sencillamente están fuera de lugar. También son inapropiados los comentarios sobre el tamaño del cuerpo, la altura, el peso, la edad o la cara. «Es una cosa bajita», es un comentario que suena bastante inofensivo, pero que la jefa se crea con derecho a hacerlo no es inofensivo.

Gritar a un subordinado de una forma que sobrepasa una expresión de enfado rápida y normal, es una violación. Los comentarios sarcásticos implican transgresión.

Los comentarios despectivos, insultantes y desdeñosos transgreden los límites emocionales del que los recibe.

Los comentarios así indican que la persona que los hace se cree con derecho a algo. La autoridad asume que tiene derecho a decir lo que quiera sin tener ninguna consideración por el receptor. Los siguientes comentarios son inapropiados:

- Una diatriba dirigida a un receptor y que sigue y sigue.
- «¿Has ganado algunos kilos, no?»
- «Hija, querida, es una pena que no sepas mantener la casa tan ordenada como la de tu hermana.»
- «Jimmy, eres un niño apestoso.»
- «¡Consígueme esa lista o estás despedido!»
- «¿Te has olvidado el lápiz? Eres un vago estúpido y olvidadizo.»

Tu terapeuta no es tu colega

Los roles llevan límites internos. Lo que es apropiado cuando desempeñas el papel de madre resulta inapropiado cuando haces el papel de jefa. Un tipo de transgresión que suele darse corrientemente es aquella que ocurre cuando los límites de un papel son ignorados u olvidados.

Tu terapeuta no es tu colega. Ciertos enfoques terapéuticos dicen que no hay ningún problema con ser amigos o amantes de los clientes. Como víctima de esta filosofía puedo asegurar que esa confusión de papeles conduce a una confusión de límites.

La distancia profesional entre el terapeuta y el cliente le da al cliente mayor seguridad. Los amigos dan y reciben unos de otros. Un cliente está más seguro si el terapeuta no tiene ninguna expectativa de recibir nada por parte del cliente. Los amigos desarrollan obligaciones. Un cliente no tiene ninguna obligación hacia el terapeuta más que la financiera. Una sesión de terapia tiene por estricto objetivo avanzar en el crecimiento emocional del cliente. La atención está en el cliente. En una amistad, la atención se mueve hacia delante y hacia atrás.

El contacto social entre el terapeuta y el paciente oscurece los límites. Yo solía ir a las bodas de mis clientes, pero ya no. No soy un colega y tampoco un pariente. Mi presencia en otros contextos confunde el hecho de que yo tengo un papel único y protegido en su vida con unas limitaciones específicas. Ver al paciente en un contexto estrictamente definido le ofrece la mayor apertura posible hacia su propio desarrollo interno. Reduce al mínimo la ansiedad interpersonal que existe entre dos personas cualquiera y, por tanto, aumenta la percepción intrapersonal que conduce al cliente hacia sus propios sentimientos.

Tu jefe no es tu padre

Por muy paternal que parezca tu jefe contigo, no eres su prioridad. Un supervisor que te invita a que le hagas confidencias, que te trata como un igual, o que se apoya en ti para que le respaldes, está transgrediendo un límite.

Tu supervisor nunca podrá ser tu terapeuta. Por mucho que le importes, su propio trabajo siempre será más importante para él. Si tiene que sacrificarte para mantener su posición, lo hará.

Tu supervisor no es tu igual. Tiene el poder de despedirte. No podréis ser amigos de verdad.

Tú tampoco eres el terapeuta de tu supervisor. El trabajo de tu supervisor es apoyarte como trabajador. No es competencia tuya ayudarle a solucionar sus problemas personales. Si te conviertes en su oído amigo, tu propia lealtad se verá dividida. Tu energía se verá apartada de tu verdadero trabajo y se creará una unión que causará una confusión entre la lealtad hacia ti mismo y hacia la compañía.

La buena supervisión se parece bastante a un buen papel de padres. Permite una comunicación segura entre ambas partes, seguridad a la hora de arriesgar, un cumplimiento adecuado de las necesidades, una atención hacia los requisitos del papel y el apoyo de los subordinados. La meta es conseguir el mejor y máximo desarrollo del trabajador en el contexto de su trabajo.

Todos los papeles tienen límites internos. Respetar esos límites le confiere un orden a las relaciones. Cruzar los límites conduce a la confusión y el desorden.

Tu padre no vale nada en la cama

Una categoría especial de violación emocional es la llamada «triangulación». Esto ocurre cuando se le comunica a una tercera persona, inapropiada, una información que pertenece exclusivamente a una relación. Ocurre cuando uno de los padres le confiesa a su hijo una información privada sobre el otro. «Tu padre no vale nada en la cama» es algo inadecuado de decir a un hijo menor de treinta años y cuestionable de decir a uno mayor de treinta. Los hijos no deberían ser arrastrados a las batallas sexuales privadas de sus padres.

«Dile a tu madre que le daré ese cheque cuando me de la gana.» Los comentarios con carga emocional deberían ir dirigidos directamente a la persona que le atañen, no transmitirlos a través del niño. Aunque todos sabemos que no debemos pegar al mensajero por el mensaje, muy probablemente el niño reciba la ira que le correspondería recibir al padre. «¡Maldita sea! ¡Maldita sea! ¡Maldita sea!», grita mamá, y Sally se echa a llorar.

Contar un secreto que nos ha confiado una amiga viola su confianza. Hablar de sus asuntos con una tercera, perjudica a tres relaciones: la tuya con la amiga que no está presente, la relación de tu amiga con la que no está y tu relación con la amiga con la que estás hablando. (¿Crees que seguirá confiando en ti cuando se dé cuenta de que vas cotilleando por ahí cosas sobre personas que dices que quieres?) Si tienes un asunto pendiente con Dave, no lo solucionarás hablando sobre ello con Don. Para solucionar un asunto con Dave, habla con Dave.

La triangulación puede darse entre los miembros adultos de una familia.

Madre: «¿Sabes lo que me dijo tu hermana?»

Hijo: «No, y no me lo digas. Sea lo que sea, es algo entre tú y ella».

Hermana: «Odio cómo viste mamá».

Yo: «Entonces díselo a ella, no sirve para nada que me lo digas a mí».

Hermana: «Pensé que tú podrías hablar con ella sobre el tema. A ti se te dan tan bien las palabras...».
Yo: «Eso no te va a funcionar conmigo. No voy a decírselo. No es asunto mío».

Amiga Carol: «Ya verás cuando te cuente lo que dijo Tina.»
Amiga Helen: «No me lo digas. Tina es mi amiga. Yo no hablo de mis amigas a sus espaldas.»

¿Qué puedes hacer si el asunto se refiere a alguna adicción u obsesión? ¿Y si te enteras de que una buena amiga ha vuelto a caer en la bebida o que está trabajando demasiado? Si estás en un programa Doce Pasos, como los de Comedores Compulsivos Anónimos o Alcohólicos Anónimos, habla con tu tutor. Habla con tu terapeuta. Habla con alguna persona que esté en tratamiento de recuperación y que no conozca a tu amiga y no reveles el nombre de ésta. Ve a Alcohólicos Anónimos o a Codependientes Anónimos. La gente que apoya los procesos de recuperación pueden ayudarte a establecer tu responsabilidad con tu amiga y a decidir cómo actuar en base a ello.

ASESINATO POR VÍA ORAL

El cotilleo, asesinato por vía oral, es una forma de triangulación. Implicas a una tercera persona en tus asuntos con otra. No importa lo mucho que intentes disfrazarlo, es así. ¿Dices que simplemente transmites una información inofensiva? ¿No será que lo que ocurre es que en el fondo estás celoso o enfadado con esa persona ausente? Sacarías más en limpio si averiguaras tus motivaciones subyacentes y las afrontaras directamente.

¿Hay alguna excepción? Se me ocurre una. Si crees que un amigo tuyo o un compañero de trabajo se comporta de una forma un poco extraña y tú intentas corroborar esa percepción con otra persona que también le conozca, puede que sea necesario hablarlo todavía con una tercera persona.

En un caso así, la intención es importante. Si tu intención es calumniarle, deberías fijarte en ti mismo. Si tu intención es aclarar tus ideas para protegerte de él (con la posible consecuencia de ayudarle), entonces puede que la única opción que tengas sea hablar con alguien que también le conozca.

El derecho constitucional de hablar de tu jefe

Yo diría que los jefes son las víctimas que sufren el cotilleo en mayor medida que ningún otro grupo de personas. Los subordinados comparten información y sus quejas sobre sus supervisores como si fuera un derecho constitucional que tienen. Tal vez lo sea.

Un jefe que es generoso, justo y accesible para sus subordinados, y que mantiene unos excelentes límites entre él y ellos, está normalmente a salvo de ser objeto de cotilleo. Después de todo, si tus subordinados pueden contarte sus quejas, entonces no les hará falta contárselas a sus colegas.

Si estás en un puesto de supervisor, aquí te indicamos algunas cosas que puedes hacer para convertirte en la estrella del cotilleo:

Sé un Hitler corporativo. El hombre que hace de su poder un problema, que abusa de él, se convierte en blanco de cotilleos. Los trabajadores no confiarán en él para contarle sus verdaderas opiniones y, por tanto, se verán forzados a unirse entre ellos para mantener la seguridad y la autoestima.

Usa a los subordinados como confidentes. El supervisor que haga esto obtendrá, de una forma u otra, una reacción violenta. Puede que el subordinado cuente lo que sabe para aplacar la molestia del inadecuado comportamiento de su jefe. En tal caso toda la plantilla sabrá los secretos de éste.

Por otro lado, puede que el subordinado se guarde la confidencia y le moleste cargar con ella. Esa molestia afectará a su trabajo de alguna manera. Tiene más poder del que debería y puede que lo use para mejorar su posición; puede que sabotee el trabajo para librarse de la carga o puede que se enfade por otros problemas de trabajo que no merecen enfado sino atención.

Los supervisores deberían confiar en otros supervisores a su mismo nivel. ¿Pero qué puede uno hacer si es la única persona a ese nivel en la empresa? Puede mirar hacia arriba o hacia abajo pero no a su misma altura, así que debe confiar en un terapeuta, en una persona que esté en recuperación, en un tutor, en un amigo en quien confíe o en alguien que ocupe un puesto similar en otra empresa.

Alguien que tenga un desorden de personalidad, una adicción o compulsión sin tratar, aunque sea leve, puede alterar el medio de trabajo considerablemente. Un supervisor con un problema de éstos puede minar a todos sus subordinados. Puede que la única defensa que le quede sea obtener la ayuda de otra persona para proteger su trabajo. En un caso así, vemos cómo la existencia de una cadena de mando férrea perjudicaría la productividad. En el medio de trabajo también pueden desarrollarse los mismos roles y la locura que se dan en una familia disfuncional.

La triangulación como defensa

Una mala supervisión puede hacer que aumenten los chismorreos. El supervisor débil, el abusón, el que roba las ideas o se lleva el mérito del trabajo de los subordinados, se convierte en el centro de atención. Los ojos de los trabajadores están más sobre él que sobre el trabajo.

El jefe que utiliza su poder para salirse con la suya en lo referente a las transgresiones sexuales puede estar seguro de que se le tendrá en muy mala consideración. Todas las mujeres del lugar se echarán encima de él enseguida y el respeto hacia él caerá en picado.

En estas situaciones, la triangulación se convierte en una defensa. Se convierte en una forma de compensar el abuso de poder y de aclarar los errores cometidos.

Este tipo de triangulación se da en las familias en las que uno de los miembros abusa de su poder. Igual que un mal jefe, los padres abusivos que desoyen las protestas de sus hijos no dejan otra elección a éstos que la de hablar contra ellos.

Cuando los padres se niegan a escuchar los asuntos de los hijos, éstos recurren a sí mismos o a gente de fuera pero, en cualquier caso, ambas partes salen perdiendo. Los padres pierden la oportunidad de una cercanía mayor con los hijos, y éstos lloran la pérdida de la ansiada solución que no llega.

Queda claro entonces que la triangulación no es algo bueno. La triangulación daña las relaciones, pero la fomentamos cuando abusamos de nuestro poder o no queremos escuchar a los demás.

Si no ha cambiado, probablemente vuelva a hacerte daño

¿Cómo puedes saber cuándo es el momento adecuado para acercarte a alguien para hablarle de los asuntos que tienes pendientes con él? Contesta a las siguientes preguntas. ¿Es esa persona segura? ¿Ha sido abusiva o ha hecho un mal uso de información importante en el pasado? Si ha sido abusivo, ¿ha seguido desde entonces algún proceso de recuperación que pueda haber cambiado su habilidad para responderte? Si no ha seguido ninguna terapia ni tratamiento de recuperación, ¿por qué habría de ser diferente su respuesta hacia ti ahora? Si todavía bebe o sigue sin darse cuenta de su comportamiento insano hacia ti y le confías más información personal probablemente te hará daño.

En la medida en que queremos mejorar nuestra relación con nuestros padres, nos exponemos al daño y a la decepción cuando intentamos conseguir con los mismos métodos de siempre lo que siempre ha faltado, a no ser que los padres hayan seguido algún tipo de proceso (terapia o recuperación) que les haya ayudado a desarrollar su papel de padres de forma diferente. *Hasta que tus padres no se enfrenten a sus propios asuntos y aprendan a satisfacer sus propias necesidades, es poco probable que te respondan de forma diferente.*

Si tu padre, por ejemplo, todavía bebe o todavía pasa superficialmente por la vida, probablemente no estará accesible para ti. El que hagas esfuerzos reiterados no cambiará nada porque, hagas lo que hagas, *el asunto principal sigue igual: él está donde quiere estar.* Ésa es su forma de crearse una defensa y la coloca de manera que le asegure su confort o protección. Nada de lo que hagas lo cambiará, porque él quiere estar donde está. Tal vez deberías respetar su defensa. Tú no vas a moverla. No importa lo mucho que deseemos que una persona nos corresponda, esa persona tiene la opción de aferrarse a sus propios límites.

Yo tengo cierto pariente al que quiero mucho. Le he abierto mi corazón de par en par y le expresado mi deseo de que tengamos una relación más cercana. He salido dolida cientos de veces. Así que finalmente lo he captado. No importa lo mucho que yo desee estar más cercana a él, no puedo hacer que retire su barrera. Tiene derecho a conservarla, pero lo que sí puedo hacer es protegerme a mí misma para que no me haga daño de nuevo. Puedo dejar de golpearme en la cabeza con su barrera.

Alguna gente sí que cambia. En este caso, puede que el riesgo de abrirse valga la pena. Acepta el riesgo y mira a ver qué pasa. Si sale bien, asume otro pequeño riesgo y revela algo sobre ti mismo. Ve dando pequeños pasos y para si ves que no es bien recibido. Has descubierto el límite de la otra persona. Si sigues adelante, serás tú quien tenga que soportar las consecuencias.

¿Qué es apropiado?

¿Cómo puedes desarrollar tu propia conciencia de lo que es adecuado?

¿Cuál es tu situación con respecto a la persona en cuestión? ¿Le miras desde arriba, desde abajo o estás a su mismo nivel? ¿Tienes el papel de dar o de recibir? ¿Es tu papel dar o recibir apoyo?

Si acudes a una persona para que te oriente o te supervise, no eres su igual. Si es tu padre, tu sacerdote, tu terapeuta o tu jefe, tú no tienes por qué aconsejarle.

Si te relacionas con una persona porque es tu hijo, tu cliente o tu subordinado, tampoco es tu igual. No debería pedirte consejo. Y tú no deberías darle información personal inapropiada.

Si tratas a una persona a tu misma altura, es tu igual. Os apoyáis el uno al otro. Confiáis el uno en el otro. La entrega fluye en las dos direcciones.

Si estás haciendo cosas de igual a igual con alguien a quien miras desde arriba o desde abajo, algo va mal. Una esposa no es una subordinada. Un marido no es un jefe. Los compañeros son iguales. La relación ha perdido su equilibrio y necesita ayuda.

Si forma parte de tu trabajo apoyar a tu supervisor (si eres la enfermera de un médico, la secretaria de un jefe o estás en alguna otra posición que implica un apoyo directo), ¿dónde está la línea divisoria? Es apropiado hacer tareas que influyan directamente en la eficacia de su trabajo. Sacar punta a los lápices, hacer llamadas telefónicas de negocios y reponer los suministros son tareas que ayudan a apoyar sus esfuerzos profesionales. Ir a por su comida o a por un café ya es una zona gris. Si está tan ocupado que no tiene tiempo para ir a comer, beneficias a su trabajo al ir a por su comida, pero si tiene tiempo y lo que no quiere es molestarse, no.

Otras tareas que definitivamente no son un apoyo directo a su trabajo son: encargarle unas flores para su pareja, hacer reservas para una cena de aniversario, recoger su ropa del tinte o conseguirle su libro favorito en la librería.

Pregúntatelo, ¿ayuda esto a su trabajo o a su vida? Si ayuda a su trabajo, entonces es adecuado.

¿Me quedo o me voy?

Limpiar los efectos producidos por una violación de rol es más fácil si las dos personas implicadas trabajan en ello, pero lo cierto es que a veces uno es el único que entiende el problema. Si tu compañero es el que no lo ve, puede que un terapeuta sea de ayuda. Ya que tu pareja es un igual, enseñarle o ayudarle a aprender sobre los límites, transgrede uno. De forma que si acudís a una tercera persona para que sea la que prepare y enseñe, eso os permitirá mantener una correcta relación entre vosotros.

Si tu jefe es la parte ignorante, dale una copia de este libro. Tal vez en realidad le gustaría hacer lo correcto si supiera qué es. Sin embargo, si existe una adicción o compulsión de por medio, puede que sea necesaria una intervención que incluya a tu jefe, antes de que se produzca algún cambio.

Muchos de nosotros queremos relaciones sanas y, cuando tenemos esa opción, elegimos una comunicación franca y abierta. Pero si la otra persona es sencillamente incapaz de actuar de forma sana debido a una adicción o a un desorden de la personalidad, debemos autoprotegernos. A veces necesitamos dejar un trabajo para encontrar un ambiente laboral más sano. Una empresa o agencia que nunca aclara sus actos equivocados siempre pierde a los buenos trabajadores. Cuando los empleados quieren un ambiente sano, se marchan.

Si tú eres la víctima de una violación de límites, presente o pasada, protégete a ti mismo. Sal de la situación en la que estás siendo violado tan pronto como puedas. Obtén el apoyo de gente sana para poder marcharte.

Si has sufrido una violación, tienes una pena que llorar. Trabajar para superar el dolor repondrá el cariño robado por la transgresión. Busca el confort y la atención de alguien en quien confíes. Investiga las elecciones que hiciste que te llevaron a esa situación y consigue ayuda para que no vuelvas a elegirla.

Si atiendes a tu propia reparación de límites, te encontrarás en situaciones progresivamente mejores. En lugar de estar a la defensiva, tendrás de hecho el espacio y la seguridad para desarrollarte, para ser más tú mismo, para vivir más la vida que se te ha dado.

Capítulo 8

DOS CARTAS
A UNAS PERSONAS ESPECIALES

PARA LOS ADICTOS A LA COMIDA
Y LOS COMEDORES COMPULSIVOS:
LA COMIDA Y LA GRASA PARECEN PROTEGERNOS

En *Anatomy of a Food Addiction*, mi libro para comedores compulsivos y adictos a la comida, revelo que yo luché durante años contra la comida compulsiva y el sobrepeso. Más tarde, cuando la grasa empezó a abandonar mi cuerpo, me quedé sorprendida de lo vulnerable e indefensa que me sentía.

Si tienes sobrepeso, puede que también sea una manera de autoproporcionarte un límite. El peso es una buena manera de mantener a la gente a una distancia cuando ya se han llevado demasiado de ti. Literalmente extiende tu límite físico.

Si sufriste abusos de pequeño, la grasa puede darte la sensación de ser un cómodo escudo. Es una barricada física contra la gente que podría dañarte.

La comida y la grasa parecen protegernos. Tal vez se come más cuando uno se siente amenazado. Tal vez comes cuando sabes que alguien va a intentar coger más de ti de lo que estás dispuesto a dar. Puede que comas cuando estés con una persona que asalta tus límites.

El desarrollo de los límites es un importante compañero de un programa de recuperación de alimentación. Mientras no sepas que puedes recuperarte de la intrusión y de lo que te roban los demás, no estarás seguro sin el exceso de peso.

Las dietas son una pérdida de tiempo. Si necesitas exceso de peso para sentirte más seguro o si la comida es la forma en que te reconfortas a ti mismo, el sabotaje está asegurado.

El peso, por supuesto, es un problema complicado. Mucha gente piensa que, cuando finalmente aprendan a protegerse a sí mismos, el peso se derretirá automáticamente. Pero, para la mayoría de nosotros, hay otras cosas que requieren atención. En cualquier caso, la formación de límites es esencial para recuperarse del exceso. Atender a tu interior es una parte importante a la hora de cambiar el exterior.

Para los alcohólicos, compulsivos o gente adicta

¿Eres un ermitaño? Tener compulsiones o adicciones mantiene a los demás a cierta distancia de nosotros. Cuando estás perdido en una droga, es fácil hacer caso omiso de las exigencias de los demás.

Comprar, correr o trabajar de forma compulsiva abre una gran grieta entre tú y las que serían tus amistades íntimas.

Mientras cierras el paso a los demás, te encierras en ti mismo. Las adicciones y compulsiones te aíslan. Evitan que vivas y que crezcas, que tengas intimidad, que afrontes tus asuntos y conectes con los propósitos de tu vida.

Si tienes hijos, la distancia creada por las adicciones y compulsiones se traduce en descuido y abandono. Lo creas o no, demasiada distancia también puede ser una violación de límites. Si estás distante, ¿quién le está dando cariño a tus hijos?

La recuperación eficaz requiere desarrollar unos límites limpios y sanos. Los buenos límites fortalecen la recuperación y aportan un seguro adicional contra la recaída. Si puedes darte a ti mismo la distancia necesaria cuando la necesites, reducirás la dependencia de una compulsión que lo haga por ti. A medida que aumente tu sobriedad, puede que descubras que necesitas distancia. Aceleramos nuestra sobriedad cuando afrontamos nuestros asuntos y desafiamos a nuestro miedo de intimidad. Los buenos límites nos permiten estar cerca unos de otros sin perdernos a nosotros mismos.

Yo te animo a que atiendas al desarrollo de tus límites y a que obtengas la ayuda necesaria para vivir una vida sobria y consciente.

Capítulo 9

LA INTIMIDAD

EL COMENTARIO MARCA LA DIFERENCIA

Algunas de las cosas que voy a decir aquí sonarán irremediablemente paternalistas y maduras, propias de una mujer que creció rodeada de hippies y amor libre. Cuando estaba en la universidad, el amor y el sexo eran una aventura. Desdeñábamos los valores retrógrados de nuestros mayores. Sin embargo hoy, después de unos veinte años como adulta y terapeuta, las borrosas advertencias paternales de antaño me resuenan en los oídos. Hay una diferencia entre simplemente convivir con una persona y sentirse verdaderamente comprometido con ella.

El matrimonio o cualquier relación de pareja ofrecen la mejor oportunidad para la intimidad física y emocional. La dedicación marca la diferencia. La intimidad física y emocional tiene más oportunidades de florecer cuando uno puede contar con que seguirá viendo a la otra persona al día siguiente.

El matrimonio y la pareja también parecen la forma que tiene Dios de darnos una oportunidad para solucionar nuestros asuntos de la infancia. Esta necesidad de solucionar temas pendientes es lo que crea la enorme distancia entre el ideal del felices-para-siempre estilo Disney y la realidad que supone enderezar una relación con mucho sudor y lágrimas. («El matrimonio es la única guerra en la que duermes con el enemigo.» Anónimo.) Los temas relativos a los límites tienen un papel importante en el proceso de entender y resolver los asuntos pendientes.

Lo que nosotros queremos

¿Qué esperamos encontrar en un matrimonio? Muchos de nosotros buscamos apoyo, comprensión, compañerismo, afecto, lealtad, estabilidad económica, seguridad, la oportunidad de expresarnos a nosotros mismos, la pasión sexual y la fidelidad. ¿Es eso pedir mucho?

Suena muy sencillo hasta que incluyes en el panorama a una persona, a una persona real con problemas de límites. Imagínate encontrar apoyo, compañerismo y afecto por parte de Fred. Es un hombre al que nunca se le ha ayudado a admitir los sentimientos. Sus límites están tan lejanos que haría falta un autobús para llegar desde la aduana hasta el hombre en su interior.

Para comunicarnos, necesitamos límites

Cientos de libros sobre el matrimonio te dirán que la comunicación es la clave para tener una relación exitosa. Pero no vale cualquier tipo de comunicación. El tipo de comunicación que marca la diferencia es la que proviene del ser interior (los sentimientos difíciles de captar, importantes y pequeños; los reconocimientos dolorosos; las necesidades revestidas de vergüenza) y va al ser interior de la otra persona (gracias a una escucha abierta, no crítica, de corazón a corazón, no de corazón a mente).

Me anima ver la cantidad de padres que hoy en día entienden esto y responden a los sentimientos de sus hijos con una compasión comprensiva. Sin embargo, la mayoría de los que pertenecemos a generaciones anteriores fuimos criados por personas que no tenían ningún conocimiento de ello. Había que controlar a los niños y no tener en cuenta los sentimientos.

El avanzado tipo de comunicación que hace que crezca la intimidad de un matrimonio no es algo que mucho de nosotros aprendiéramos de niños. Requiere el contacto y la aceptación de los sentimientos y la cualidad especial de escuchar. Para lograr ambas habilidades necesitamos límites.

Conocer qué eres tú y qué soy yo

No podemos decir que no lo sabemos. Para contarle a una pareja cómo es nuestro ser interior, primero debemos tener contacto con él nosotros. Necesitamos el límite emocional que proviene del conocimiento íntimo de quiénes somos, qué queremos, y de saber cómo decirlo.

Para escuchar de forma no crítica hace falta saber que yo no soy la otra persona; que, diga lo que diga, puedo mantenerme a salvo; que puedo limitar los comentarios que son una transgresión hacia mí y que lo haré, y que su forma interior de ser no es la mía. Hace falta el límite originado por el conocimiento de qué es él y qué soy yo.

Marge renuncia a sí misma por Bill

Marge y Bill tienen casi treinta años. Se conocieron en una fiesta, pasaron juntos aquella noche y cualquier minuto sobrante disponible durante tres semanas, y decidieron vivir juntos. Marge se mudó al apartamento de Bill, que había decorado y amueblado la madre de éste. «Cuando entras –dice Marge–, el color que te salta a la vista es el marrón, y la impresión que da es la de un decorado de cine para un vaquero corpulento. El apartamento está inmaculado y no tiene espacio libre.»

Marge renunció a su apartamento desenfadado y espacioso y guardó sus pocas antigüedades, fotos de familia y la mayoría de sus libros y discos en el trastero del sótano. A ninguno de los dos se le ocurrió hacer un hueco para las cosas de ella o recolocar el apartamento para hacerlo de los dos, más que sólo de él.

De la alegría que tenía de estar con él, Marge salía corriendo del trabajo a casa para hacer una fantástica comida. Entonces, Bill tomó el mando. Insistió en que tomaran por costumbre cenar juntos sentados a la mesa, no viendo la televisión o leyendo, y dijo que él se encargaría de lavar los platos. Iba a la compra con ella los fines de semana e instituyó lo que sería su invariable rutina del sábado: hacer el amor, limpiar el apartamento, hacer la compra, guardarla, comer, limpiar el coche y luego ir a montar en bicicleta o a correr. Después, se daban una vuelta en coche, se iban a comprar algo para el apartamento, hacían algo recreativo como jugar un mini-golf, veían la tele o se iban a disfrutar de alguna actividad de ocio de las que ofrecía el propio barrio, como el espectáculo de barcas o el de pistolas.

Marge entró fácilmente en esta rutina. Estar con Bill le daba una sensación de orden. Todo estaba en su sitio.

Sin embargo, durante el primer mes ocurrió una cosa extraña. Cuando ella vivía sola, Marge siempre usaba servilletas de tela y servilleteros. Dejaba que los invitados eligieran un servilletero y así, siempre que iban a su casa a cenar, les ponía la servilleta en el servilletero que hubieran elegido. Un sábado bajó al trastero y sacó algunas servilletas y servilleteros, incluido el que ella había usado durante varios años. Puso una servilleta en su servilletero, un círculo de cristal, y lo puso en el sitio que ella ocupaba en la mesa. En la cena, le ofreció a Bill la elección de servilletero. Él señaló al círculo de cristal de Marge y dijo: «Quiero ese».

Marge se quedó muda. No dijo nada. En realidad era una tontería, se dijo a sí misma. ¿Por qué habría de importarle que Bill usara el servilletero que había utilizado ella durante años? Después de todo, ella lo había usado durante tiempo de sobra y seguiría estando en la mesa justo delante de ella. Todavía podría verlo todos los días. No obstante, al entregárselo, escondiendo su renuencia, se sintió triste, casi abatida. Le parecía tan ridículo que se tragó las lágrimas, se sentó y se forzó a sí misma a cenar.

Otro misterio para Marge era la extraña sensación de irrealidad que había tenido durante sus primeros meses en el apartamento. Al moverse por las habitaciones o al limpiar, se sentía como si estuviera en un sueño. El apartamento era lujoso, mucho más caro que aquel en el que ella había vivido. Tal vez, pensaba, era sencillamente que ella no estaba acostumbrada a las cosas bonitas.

Era extraño, pensaba, las cosas que la hacían sentirse incómoda. Entre los muebles macizos, los tonos marrones y las cortinas (Bill era casi un fanático de la privacidad), el apartamento era oscuro. Aunque siempre le había gustado tener mucha luz, le resultaba extraño que la oscuridad realmente la molestara tanto.

A Bill le gustaba tener el clima controlado. Pasara lo que pasase, mantenía el apartamento a 20ºC en invierno, excepto a primera hora de la mañana, cuando se duchaba, y a 22ºC en verano. A Marge le encantaba tener las ventanas abiertas, la brisa y los sonidos nocturnos.

Durante su primer invierno juntos, Bill volvió un día a casa de trabajar y se encontró con que Marge había subido el termostato a 21ºC. Sin excepción, Bill miraba el termostato al levantarse, al llegar del trabajo y antes de acostarse, cada día, en invierno y en verano. «Marge, has tocado el termostato», dijo.

Inmediatamente, Marge se sintió como una niña mala. Incluso tenía ganas de negarlo. «Tenía frío», dijo.

«¡Tenías frío! Eso no tiene sentido. Había 20 grados aquí dentro. Eso es suficientemente cálido.»

«Está a apunto de venirme la regla –dijo–. Siempre me da frío cuando eso ocurre.»

«Eso es ridículo», dijo él.

Ella no sabía qué decir. Se le quedó la mente en blanco.

«Si tienes frío, puedes ponerte un jersey –continuó él–. Y se acabó el tema.»

Al verano siguiente, cuando Marge quiso abrir una ventana, eso condujo a una discusión de tres horas. Consiguió abrir la ventana aquel día, pero Bill se quejó tanto sobre ello que no volvió a pedir abrir una ventana durante el resto del verano.

Sin rastro de Marge

Cuando Marge se mudó, ocurrió un sutil lavado de cerebro que la separó de su autoconciencia, esa conciencia crítica propia que necesitamos para ser una persona independiente con un límite emocional claro. Al dejar que se guardaran todas sus cosas, se mudó a un ambiente que no tenía ni rastro de ella. Vivía entre los colores de Bill, los muebles de Bill y las fotos de la familia de Bill.

Eso son sólo cosas, podrías decir. (¡Sólo cosas!, respondería yo. Vivimos en la sociedad más materialista del mundo. Si hay algo que nuestra cultura valore, son las cosas.) Las cosas son importantes, especialmente las que guardamos por su significado (la baratija de un amigo, el recordatorio de un acontecimiento especial, la foto de alguien que queremos...). Estas cosas son prolongaciones físicas de nosotros mismos, simbolizan aspectos de nuestro yo interior. Nuestro hogar nos resulta familiar porque contiene nuestras cosas. La habitación de un hotel nos resulta impersonal porque no contiene nada de nosotros mismos (hasta que desparramamos nuestra ropa y nuestros zapatos por ella para hacerla nuestra).

Marge experimentó un choque cultural. Estaba rodeada por las cosas de Bill, una iluminación que le era ajena, los colores y preferencias de Bill... Se deslizó en el programa de Bill, en sus normas, su rutina y sus elecciones recreativas. Él quiso incluso el servilletero de ella, la única cosa en el apartamento que ella había elegido. Pero Marge no fue capaz de aferrarse a él. Aunque no comprendió lo simbólico que era que se lo entregara, su yo interior intentó decírselo con lágrimas. Pero ella las detuvo, aislándose de la información crítica que recibía desde lo más hondo. Su cuerpo lo sabía y quería gritar: «¡Yo he renunciado a todo lo que era mío!»

El rapto de nuestro yo

Esta erosión continuó a medida que ella se fue sometiendo a las necesidades ambientales de Bill. Cuando él la menospreció por tener frío y ella sucumbió, entregó otro trozo más de su identidad física y emocional. Ignorar o negar las necesidades físicas erosiona nuestra salud emocional. Cuando ignoramos que tenemos frío o cuando nos negamos agua cuando tenemos sed, o descanso cuando estamos cansados, nos autoenviamos una carta urgente que dice que no somos suficientemente importantes como para que se satisfagan nuestras necesidades básicas de supervivencia. Por el contrario, cuidar bien de nosotros mismos resulta increíblemente fortalecedor y favorece nuestra integridad.

Cuando Marge sucumbió a la necesidad compulsiva de Bill de controlar todo (incluso algo tan tonto como que una ventana estuviera abierta o cerrada), se puso poco a poco en una situación de rehén. Le dio a Bill control sobre sus necesidades físicas básicas.

Un rehén tiene una sola meta, sobrevivir hasta poder escapar o que le rescaten. Por el camino hacia ese final, sucede un sutil cambio psicológico. El rehén se une a la persona que le controla. Empieza a ver las cosas desde la perspectiva del controlador. Llega a comprender cómo piensa éste y, por lealtad, puede que incluso se ponga de su parte contra los demás. Puede que su identidad quede tan sumergida bajo la del controlador que llegue a temer estar sin él; así pues, saboteará los esfuerzos de rescate y se negará a escapar.

La supervivencia eclipsa el desarrollo

Los niños raptados por padres maltratadores, y las mujeres de éstos, comprueban claramente este proceso. Al concentrarse en la supervivencia, queda eclipsado su desarrollo interior. ¿Cómo puede crecer tu autoconciencia si tienes frío o si la falta de luz te quita energía? Si estás preocupado porque van a pegarte, ¿qué haces con tu indignación? ¿Te sientes lo suficientemente seguro para expresarla? ¿Qué aprendes sobre la rabia?

La intimidad se produce al ser conocido por el otro, pero eso requiere conocerse primero a uno mismo, tener un ser que conocer y suficiente conciencia de nuestra propia individualidad para poder ofrecerle algo al otro.

Incluso aunque tengas un ser propio, la intimidad lleva tiempo, una actitud abierta y no enjuiciadora, hablar, escuchar y aceptar al otro. Hay una gran diferencia entre la intimidad y el encaprichamiento. W. Somerset Maugham dijo: «El amor es lo que le ocurre a los hombres y a las mujeres que no se conocen los unos a los otros».

La intimidad requiere dos personas

El ingrediente más crítico para que pueda darse la intimidad entre dos personas es que haya *dos* personas. La verdadera intimidad requiere que haya dos individuos independientes. La simbiosis no es intimidad. Cuando dos personas forman equipo porque no están completos por separado, no han creado una intimidad. Ni siquiera han creado a una persona entera.

Hacer la transición desde dos personas necesitadas a dos personas diferenciadas íntimamente unidas requiere mucho tiempo, argumentos, comunicación, errores, claridad, perdón, aceptación y apoyo. Si las dos han trabajado duro en su propio desarrollo individual antes de adoptar su compromiso con el otro, este proceso lleva menos tiempo que si estuviesen empezando de cero al salir andando de la iglesia.

Admitámoslo, mucha gente se casa para solucionar sus problemas. Hay una distancia considerable entre esta motivación y el desarrollo de una verdadera intimidad.

La gente puede casarse por infinidad de razones: para irse de casa de sus padres, para no estar solos, para que les cuiden, para que le cuiden a los niños, para tener un compañero, para mejorar la situación económica, para tener a alguien con quien compartir cosas, como afirmación ante los demás de que a uno le han escogido, para sentirse querido, para cumplir las expectativas sociales. Segundos después de estar casados, ocurre un cambio.

Antes de que le haya dado tiempo al arroz a quedarse pegado a la acera, los asuntos pendientes de la infancia de cada uno de los miembros de la pareja empiezan a fluir. Asuntos sobre el poder, la individualidad, el control, la independencia y la intimidad. Como la mayoría de las parejas se esperan un pacífico paseo hacia el felices-para-siempre, este torbellino les llega como un choque inesperado. «Se supone que me quiere más que nadie en el mundo y prefiere leer el periódico mientras desayuna en lugar de estar conmigo.» «Solía ser tan poco exigente y ahora quiere que nos pasemos hablando de 'nuestras cosas' durante horas cuando llego cansado de trabajar.» Cosas aparentemente pequeñas provocan reacciones enormes, y cada persona se pregunta quién es ese extraño que parecía tan interesante tan sólo unas semanas atrás.

Es como si el certificado de matrimonio tuviera una agenda impresa en el reverso que le presenta a la pareja una lista de cosas traídas de sus infancias, una lista que dice: haz esto, no hagas lo otro, esto es crítico, lo otro no importará. Cada compañero tiene su lista respectiva y habrá temas importantes de ambos que entren en conflicto unos con otros.

La historia de Laura

La primera vez que vi a Tim estaba en un púlpito a punto de predicar un sermón. Me quedé impresionada con él antes de que terminara de decir «amén» al final de su oración inicial. Había algo en él, una honestidad, una frescura... no sé explicarlo, pero me sentí atraída hacia él.

Los dos estábamos allí accidentalmente. Mi amiga me había invitado a su servicio de víspera de Acción de Gracias. Tim, como supe después, era de otra iglesia. Normalmente me voy pitando después del servicio, pero esta vez dejé que mi amiga nos llevara al salón parroquial en el que se celebraba una cena a la que cada invitado aportaba un plato.

Estaba preparando algo de apio cuando él entró por la puerta. Yo no me fijé en él, pero él sí se fijó en mí. Vi que una mano cogía un apio, levanté la vista y ahí estaba él. «¿Te hace falta ayuda?», preguntó.

«Tengo que colocar aquí de alguna manera los rábanos.»

Él sonrió. «Ahora mismo vuelvo.» Se fue y luego volvió a mi lado de la mesa. «Tenía que lavarme las manos –explicó–, ...he estado dándole la mano a toda esa gente».

Se acercó una silla a mi lado y juntos logramos colocar en equilibrio los rábanos que insistían en rodar de los palitos de apio y caer en la mesa. La gente que ha sentido un repentino encaprichamiento por alguien puede entender la embriagadora diversión que supone una situación así. Normalmente, colocar rábanos no es tan divertido.

Me llamó y tuvimos una cita. Ni siquiera me tocó. Después de todas las zarpas que había tenido que quitarme de encima otras veces, era un cambio estupendo. De hecho, experimenté algo nuevo. Le deseaba. Deseaba su beso. Deseaba su contacto.

Empezamos a vernos regularmente. Estaba tan contento de estar conmigo. Yo le gustaba. Quería estar conmigo. Estaba orgulloso de mí. Quería que yo conociera a sus amigos.

Me gustó su carácter juvenil y su entusiasmo. Sobre todo me sentía completamente segura con él, porque me quería tanto. Ese sentimiento de seguridad eliminaba cualquier otro pensamiento. Él estaba tan increíblemente feliz estando simplemente conmigo que me sentía muy segura. Le habría seguido a cualquier parte con tal de conservar esa seguridad.

Yo no sabía que arrastraba conmigo, desde mis primeras semanas de vida, un tremendo miedo al abandono. No sabía que la llave hacia mi corazón era mitigar ese temor.

Nos casamos. Yo me sentía muy nerviosa por la ceremonia. No paraba de darle vueltas. Más tarde, mi terapeuta me dijo que habría estado bien posponer la ceremonia hasta que yo hubiera estado preparada para ella.

Pero estoy acostumbrada a obligarme a tirar adelante. Nunca he estado preparada para las cosas que me han ocurrido: no estaba preparada para nacer, pero llegué antes de tiempo; no estaba lista para quedarme sola al nacer, pero estuve sola hasta que me sacaron de la incubadora; no estaba lista para dejar a mi abuela cuando mi madre me sacó de su casa; no estaba preparada para el sexo cuando mi padrastro empezó a tocarme; no estaba lista para casarme con Tim, pero él me quería tanto que yo quería que eso bastara. No habría herido sus sentimientos si le hubiera dicho que necesitaba más tiempo.

Los primeros meses de matrimonio fueron estupendos para mí porque desapareció mi miedo. Tuve una constante sensación de irrealidad, pero no se me ocurrió cuestionarlo. Nunca se me ocurrió que yo me sentía de aquella manera porque no era mi vida la que estaba viviendo. No me di cuenta de ello hasta más tarde.

Viví en un cuento de hadas titulado «La mujer del predicador» y me prestaron mucha atención al ser la estrella en todos los acontecimientos sociales. Los miembros de su congregación nos abrazaban y nos felicitaban. Yo sonreía y sonreía.

Al estar bendecida por dios, nuestra unión era perfecta no sólo para nosotros sino que era el matrimonio simbólico para la gente. Mis pies no tocaron el suelo durante un mes. Pensé que debía sentirme encantada con todo aquello, pero no era así. No me sentía real. Tengo buenos instintos, pero no los escucho. Me dije a mí misma que aquello era divertido y que debía seguir adelante con ello. Pero mi instinto me decía que habría un precio que pagar.

Cuando nos casamos, yo no sabía mucho de la situación económica de Tim. Asumí que la iglesia se encargaba de él y que manejaba el dinero bien. También cometí el error de idealizarle.

Justo antes de casarnos me llevó de compras. Fuimos a una tienda de muebles y nos lo pasamos muy bien deambulando por los pasillos, dejándonos caer en las sillas y descubriendo lo que nos gustaba a los dos. Me sorprendió cuando dijo: «¿Qué quieres para nuestra casa?».

«Tú ya tienes muebles. Y yo también.»

«Pero esta será nuestra casa –dijo–. Elije lo que quieras.»

Fue otra experiencia embriagadora. Su generosidad reforzó mi sensación de seguridad. Él me iba a cuidar. Al crecer, recibí un cariño mínimo y todavía menos que eso cuando mi padrastro entró en la foto. Lo que más quería en el mundo era que me cuidaran.

Tim me abrazaba durante horas. Yo no me cansaba de ello. Después de no haber recibido ningún cariño durante mi crecimiento, yo absorbía su cariño como una planta reseca. Él me dio tres cosas que yo había anhelado durante toda mi vida: la seguridad de sentirme querida, la seguridad de que me cuidaran y todo el cariño que había pedido.

¿Lo quería yo? ¿Quería entregarme a él? Me salté estas preguntas. Habría hecho cualquier cosa para asegurar lo que él me daba.

Me sacaba mucho a cenar y a mí me gustaba no cocinar. Íbamos al cine y hacíamos pequeñas excursiones.

La primera grieta en el paraíso se produjo cuando llegó a casa un día con un montón de cosas que no necesitábamos. Había pasado con el coche por delante de un saldo de garaje al venir hacia casa. Había cogido cosas que estaban rotas o que no pegaban con nuestra casa. Él estaba contento porque lo había comprado todo por cinco dólares.

No nos peleamos. Me dije a mí misma que no tenía importancia. Pero me molestaba porque lo veía como un verdadero desperdicio. No podríamos utilizar aquellas cosas. Empecé a sentirme un poco insegura, pero suprimí el sentimiento.

Un mes después vino a casa con una televisión nueva. Un mes más tarde, con un vídeo y, al mes siguiente, con otro coche. Aquel coche no era mejor que el anterior. De hecho era más antiguo y estaba más desgastado, pero lo había visto en el camino de vuelta a casa y le había encantado.

Las campanas de aviso empezaron a sonar. ¿Teníamos dinero para comprar todas aquellas cosas? Él era reservado sobre el tema del dinero y no le gustaba que yo le preguntara. Una vez entré en su estudio cuando estaba pagando las facturas y me gritó que saliera de allí. El miedo volvió a apoderarse de mí. Conseguí autoconvencerme para que se me quitara.

Un día, no prestaba atención a lo que hacía y abrí sin querer una factura que iba dirigida a él. Era una factura de la tarjeta de crédito e incluía unas fuertes advertencias porque no había cumplido los pagos de los dos meses anteriores. Se puso furioso porque yo lo hubiera visto, pero insistí en que me explicara qué estaba pasando. Lo minimizó. Dijo que se había quedado un poco al descubierto porque había tenido que pedir dinero prestado para pagar los impuestos. Como pastor, tenía que pagar el impuesto de autónomo, que le había costado pagar en los últimos años; era simplemente una disciplina a la que no se había acostumbrado todavía. Así que, como tenía esos préstamos pendientes, no se había gastado mucho dinero, pero estaba tan contento que había querido agasajarme, y no podía permitir que aquella situación de estrechez económica interfiriera con su deseo de darme unos momentos especiales. Había comprado algunas cosas con la tarjeta de crédito y no había cumplido algunos pagos.

Nada por lo que preocuparse. Se pondría al día.

El temor de que le perdía volvió. Yo no lo percibía de una forma muy consciente, pero la seguridad de que me había casado con él para bien empezó a desvanecerse. Me había casado con él para sentirme segura. Toda la situación que estaba surgiendo en torno al dinero me mostró que no era tan centrado como yo había pensado. Sin saberlo, en mi interior yo había firmado un contrato con él: él seguiría ofreciéndome seguridad y yo le haría feliz. Él estaba rompiendo mi contrato invisible.

Dejó de abrazarme tanto. Yo tenía una necesidad casi insaciable de contacto físico. No entendí que su retraimiento se debía a la presión económica. Todo lo que yo sabía era que tenía una necesidad desesperada de que me abrazaran y que él siempre estaba demasiado ocupado para hacerlo. Tenía reuniones que preparar y sermones por escribir. Necesitaba mucho tiempo a solas en su estudio. Empecé a sentirme menos importante para él que la iglesia. Cualquiera de la congregación que le llamara a cualquier hora conseguía captar su completa atención. Aquello me recordaba lo involucrada que estaba mi abuela con el trabajo para la caridad y que hacía que me quedara completamente sola en casa. Cuando me asomaba al estudio, estaba leyendo la Biblia. ¿Qué tipo de bruja exigente interrumpiría a un hombre leyendo la Biblia? Sus actividades, igual que las de mi abuela, parecían tan valiosas. ¿Quién era yo para solicitar la atención de alguien implicado en unas actividades tan santas?

Si le pedía que me abrazara durante cinco minutos reaccionaba como si lo estuviera presionando. Nuestra vida sexual decayó.

Rompió la segunda disposición de mi contrato tácito. Él debía abrazarme tanto como me hiciera falta, y no lo hacía.

Yo no era feliz en mi matrimonio. Me había casado con él para librarme del miedo. Me había casado con él porque él se había mostrado tan entusiasmado por mí que estaba segura de que nunca me abandonaría. Mi contrato tácito con él era que no me abandonaría de ninguna forma. Pero su preocupación por la iglesia y por el dinero hicieron que me dejara abandonada. Estaba asustada de nuevo.

Me obsesioné con el dinero. Pensé que si conseguía que él aprendiera a manejar el dinero de forma diferente volvería a mí. Intenté que controlara sus gastos. Mi enemigo eran las compras compulsivas. Comprar algo suponía crear una obligación financiera adicional, lo que producía presión. Eliminada la compra, eliminada la presión. Utilicé todos los métodos conocidos a una mujer para cambiar su comportamiento y que dejara de gastar: lloros, amenazas, enfados, sexo, mimos, comida, seducción, persuasión, lógica... Nada funcionaba. Cuando veía lo poco que yo controlaba la situación, me enfadaba más, me asustaba más y me obsesionaba más. Utilicé mi dinero para pagar todas nuestras necesidades pensando que eso le permitiría utilizar su dinero para pagar las facturas pendientes. Lo que le permitió fue utilizar su dinero para comprar más cosas.

Agotó al máximo sus tarjetas de crédito y yo empecé a usar las mías para financiar el estilo de vida que habíamos iniciado. Insistí en que fuéramos a terapia y centré toda mi atención en su problema con las compras. Aprendí acerca del gasto compulsivo e insistí en que fuera a las reuniones del programa Doce Pasos y a recuperación. Fue una vez y no le gustó.

Durante todo aquel tiempo, en ningún momento me di cuenta de mi obsesión con él. Me convertí en una bruja. Estaba tan enfadada que no le dejaba en paz. Nada de lo que él hacía era suficiente. A veces quería castigarle. Creo que no sabía realmente por qué. Pensaba que tenía una razón: quería castigarlo por ponernos en una situación económica tan precaria. Pero ahora creo que lo que sucedió fue que, al abandonarme, abrió una puerta a toda la rabia que no me había atrevido a sentir hacia mi madre y mi abuela.

Él era un sustituto de ellos. Él hacía lo que ellos habían hecho y él iba a llevarse todo el veneno que yo había guardado para ellos durante todos aquellos años.

Finalmente provoqué que se fuera. No me culpo de todo, él tuvo algo que ver en ello, pero tampoco me ayudó echarle la culpa a él. Cuando él se fue, yo necesitaba que todo el mundo me dijera que me había abandonado por lo que era él, no porque yo no mereciera la pena.

Pero lo cierto era que yo fui muy responsable de la forma en que salieron las cosas y hasta que no lo vi y trabajé en ello, nada cambió para mí.

Un adulto, pero no una persona completa

El desarrollo de los límites de Laura sufrió dificultades desde su nacimiento. Al ser víctima de la política de manos-fuera habitual en aquel entonces para los bebés prematuros, nunca tuvo un lazo de unión con su madre y, por ello, se quedó rezagada a la hora de desarrollar una conciencia de su yo físico. Esta privación de contacto físico continuó a lo largo de su niñez.

La ausencia de la madre de Laura y lo ocupada que estaba constantemente su abuela también la dejaron emocionalmente abandonada. Como mucho tenía una conexión superficial con su familia, pero perdió incluso esto cuando su madre la sacó de casa de su abuela y se la llevó consigo, a una casa donde el padrastro abusaba sexualmente de ella. Esta prolongada falta de contacto mental y emocional impedía que se diera un importante autodesarrollo. Las necesidades de dependencia naturales que tienen todos los niños no fueron satisfechas en Laura, y su preocupación por la supervivencia hizo que se saltara el flujo normal de sus pautas de desarrollo. Para cuando se hizo adulta, no era aún una persona completa.

Atraída por la seguridad

Laura creció con un sentido distorsionado de los límites físicos y con límites emocionales incompletos. Una condición así produce miedos. Muchos supervivientes del incesto, el abuso, el descuido o el abandono viven con temor. Puede que este temor no sea consciente, pero la posibilidad de ser herido de nuevo gobierna muchas elecciones. Los supervivientes eligen habitualmente a compañeros que aparentemente espantan ese miedo, lo cual les lleva a descubrirse a sí mismos reviviendo de nuevo el mismo patrón de malos tratos o abandono.

Cuando se encuentran dos personas con un desarrollo personal incompleto y límites insanos, hallan primero alivio el uno en el otro y luego el infierno. Muchas veces, estas relaciones se rompen y cada miembro de la pareja encuentra a otra persona, y vuelve a repetirse el ciclo.

Los compañeros subsiguientes pueden parecer muy diferentes unos de otros, pero muy probablemente subyazca en ellos repetidamente algún tipo de efecto subconsciente. Si la mayor necesidad de Jane es eliminar el miedo, sus compañeros tendrán en común la habilidad inicial de hacer que su miedo desaparezca. Puede que uno sea divertido y gracioso, otro poderoso y que otro tenga un gran coche. Son atributos muy diferentes, pero, cada uno a su manera, todos pueden aportar la sensación de seguridad que Jane necesita. Jane se casa con el sentimiento de seguridad, pero cuando éste desaparece, también desaparece la base de la relación.

Sin embargo, la relación no termina abruptamente ahí. La pérdida de seguridad le da a Jane la oportunidad de expresar sus sentimientos al respecto. Jane consideraría la seguridad un tema importante del que hablar si de niña también lo hubiera sido en algún sentido, pero probablemente de niña fue incapaz de expresar su enfado, pena o miedo por no sentirse segura. Al perder la seguridad que le ofrecía su matrimonio, Jane se entristecía o se enfadaba por ello.

A menudo inicialmente no percibimos que esta poderosa necesidad, la necesidad de expresar sentimientos largamente contenidos, puede ser un factor determinante que nos haga repetir situaciones negativas. Muchas veces no se percibe que ésta es la causa subyacente en más de una discusión. La mayoría de nosotros no es consciente de lo poderosamente influidos que estamos por la necesidad de expresar sentimientos que hemos reprimido activamente.

Supongo que muchos de los males del mundo, la violencia, el crimen, las violaciones, la guerra, los malos tratos, la intolerancia, la opresión... son resultado de la incapacidad de los individuos para manejar sus propios sentimientos de una forma sana. Pero divago; el tema importante aquí es la intimidad.

Y ahí es donde está la trampa: los sentimientos que expresamos con un sustituto nunca resuelven la causa original. Si Jane está furiosa con su padre por robarle seguridad, no importa lo enfadada que se muestre con su marido o cuántas veces se lo reproche, no resolverá nunca su enfado porque su marido no es el autor original.

Piensa en los asesinos en serie. ¿Acaso el primer asesinato les resuelve el problema? No, porque no importa cuántas víctimas hayan asesinado, vuelven a matar. Cuando tenemos algún tema pendiente con nuestros padres, nos convertimos en víctimas en serie o explicadores en serie o cuidadores en serie... cualquier cosa que nos facilite una vía para sacar los viejos sentimientos a la luz.

Dos caminos: supervivencia o desarrollo

Permíteme presentar los componentes básicos de un ser humano completo. Un niño en edad de crecimiento se encuentra ante dos caminos: el de la supervivencia o el del desarrollo. Si un niño sufre malos tratos, descuido, abandono, es ignorado o le hacen asumir responsabilidades adultas, deberá centrar su atención y energía en la supervivencia. La energía que le sobre después de la que haya invertido en la supervivencia la utilizará para desarrollarse. Si toda su energía va hacia la supervivencia, el desarrollo se quedará corto e irá a la deriva.

Un niño cuyas necesidades físicas básicas son satisfechas, asciende a otro nivel de necesidades. Un bebé que recibe suficiente sueño, comida y cambios de pañales, también necesita que lo abracen y que le hablen. Necesita la estimulación de los colores y los sonidos. Un niño de año y medio que recibe suficiente comida y descanso también necesita moverse, explorar su entorno de forma segura y que lo cojan. Un niño pequeño que recibe comidas nutritivas y suficiente descanso y ejercicio también necesita hacer un montón de preguntas, desmontar las cosas y explorar su propio cuerpo. Un niño de diez años que se siente seguro y está bien alimentado y vestido también necesita estimulación mental, un nivel adecuado de responsabilidad, actividades sociales, entrenar sus habilidades, interpretar los acontecimientos complicados, que le ayuden a estar solo de forma segura, comunicación y que lo escuchen. En cada caso, cuando las necesidades de dependencia están cubiertas, surge una independencia sana y adecuada a cada edad.

Si un niño no se siente crónicamente asustado y confundido, es libre de expandirse en las pautas de desarrollo que se le van presentado a medida que crece. Si centra la mayor parte de su atención en la supervivencia, se perderá las fases importantes del desarrollo.

Los sentimientos almacenados nos controlan

Esto tiene dos importantes consecuencias: perjudica el total desarrollo del ser y quedan almacenados fuertes sentimientos de dolor y necesidad de supervivencia.

Los sentimientos almacenados nos controlan. Influyen inconscientemente en nuestros valores, decisiones, perspectivas y, especialmente, en nuestra elección de pareja. Determinan el tipo de defensas que vamos a construir para compensar nuestros pobres límites.

Podemos revocar el daño que nos hicieron de niños invirtiendo este proceso: abriendo los sentimientos, satisfaciendo las necesidades físicas básicas, satisfaciendo las necesidades de dependencia y desarrollo y construyendo límites. El yo herido podrá entonces completarse.

Si no tenemos límites, necesitamos defensas

Una persona completa tiene unas opciones totalmente diferentes a la hora de relacionarse que una persona incompleta. Una persona completa puede definir sus necesidades, expresar los sentimientos y marcar unos límites; mantiene una identidad independiente gracias a unos límites, no a unas defensas.

Los límites surgen de la conciencia de nuestra diferenciación de los demás. La habilidad de construirlos se obtiene resolviendo los temas que quedaron pendientes en nuestra niñez. Hay que identificar el daño, sentir los sentimientos reprimidos y llorar las pérdidas para restablecerle la integridad al niño incompleto que vive en nuestro interior. Cuando terminamos esta labor, se expande nuestra capacidad de intimidad.

La historia de Laura

Lo que realmente marcó la diferencia más dramática (y me costó cuatro años de terapia superarlo) fue volver a mis primeras semanas de vida y llorar el terrible abandono que experimenté entonces. Es lo más duro que he hecho jamás. A diferencia de mucha gente, no me asusta sentir y no me asusta la terapia. Normalmente me meto de lleno en ella. Sin embargo, puedo deciros que las semanas que pasé lamentando mis primeros días de bebé fueron tan duras... Vi por qué usaba a la gente, la comida y el trabajo compulsivo para evitar enfrentarme a todos aquellos años. Algunos días me sentía tan débil por el dolor qué sólo tenía fuerzas para tumbarme en la cama y respirar. Luego pasé por otra fase en la que me enfadaba tanto que daba puñetazos en la cama y gritaba.

Me cambió la vida. Dejé de necesitar a otra persona que cuidara de mí; ya no me hacía falta alguien que me llenara para sentirme completa.

Empecé a amar a una persona y realmente amé. No tenía un contrato secreto dentro de mí. No tenía que hacer un inventario de faltas porque no era asunto mío (y mi supervivencia ya no estaba ligada a la perfección de la otra persona). Sentía un flujo de cercanía y distancia entre nosotros y era capaz de manejar aquello yo sola, sin necesidad de estar constantemente juntos.

Esto es tan diferente. No es lo que yo creía que era la intimidad. Pensaba que era como en un cuento de hadas, pero esto lo percibo como algo real, no como una fantasía. Estamos unidos, pero no enganchados a las necesidades o ideas del otro. Somos parecidos en muchas cosas y también diferentes. Me siento cómoda con nuestras diferencias. Nuestras discusiones pueden calentarse a veces mucho, pero no me asustan. Somos capaces de entender rápidamente que tenemos un punto de vista diferente pero que ambos son válidos. Recuerdo lo que luché para hacer que Tim viera las cosas a mi manera y nunca lo logré. Pero tampoco yo vi las cosas como él las veía.

He aquí algo sorprendente: nunca en mi vida me he sentido más segura. Ahí estaba yo, intentando que Tim me aportara constantemente esa sensación de seguridad y ahora tengo ese sentimiento todo el tiempo. Pero nadie me lo proporciona. Lo consigo yo sola.

Unidos pero no en cautiverio

Cuando percibimos nuestros límites emocionales, somos capaces de distinguir los sentimientos propios de los ajenos. Podemos escuchar los sentimientos de los demás sin tener por qué solucionarlos; podemos distinguir entre los asuntos nuestros y los que corresponden a la otra persona; podemos protegernos a nosotros mismos de que nos menosprecien cuando otra persona no es capaz de controlar sus sentimientos. Somos capaces de negarnos a asumir la responsabilidad que le corresponde a otro.

Poseer nuestras cosas

La gente normalmente maneja los sentimientos desagradables pasándoselos a otra persona o haciendo que ésta asuma la responsabilidad de ellos.

Llego a casa del trabajo ansioso debido a un cliente y enseguida descubro que no queda papel higiénico en el baño. Despotrico: «¿Es que nadie más en esta casa es capaz de reponer las cosas?».

¿Qué estoy haciendo realmente? Manipulo mi ansiedad, la convierto en enfado contra los pobres inocentes que me rodean. Hago que ellos carguen con algo que realmente es responsabilidad mía.

Una alternativa a este comportamiento injusto es ser consciente de mis sentimientos y acciones y asumir mi responsabilidad lo antes posible. Por ejemplo: «Huy, te estoy gritando y tú no has hecho nada malo. Perdóname. Estoy disgustado por otro tema. Discúlpame, voy a llamar a la persona con la que debo hablar de estas cosas».

Otra buena alternativa es elegir a un compañero que también tenga límites, alguien que no deje que le vuelquen inapropiadamente sentimientos encima.

«Maldita sea, ¿por qué no puedes comprar tú papel higiénico?»

«¡Oye, espera un momento! Yo no he hecho nada malo. Si quieres que haga algo, simplemente pídelo. Tu enfado no tiene nada que ver con esto. Si quieres contarme lo que te pasa realmente, te escucho.»

Una respuesta así puede enfurecer aún más, pero un compañero que se niega a fomentar un comportamiento insano (y pelarse por un tema falaz es insano porque, aunque se solucione, no se arregla el verdadero problema) es un compañero que se implica en restaurar la claridad de la relación. Tratar los problemas ahorra realmente mucho tiempo. Malgastar el tiempo con distracciones mantiene confusión en la relación y aumenta la posibilidad de que los miembros de la pareja se hagan daño a través de una rabia y una frustración progresivas.

Hay una increíble diferencia entre el enfado provocado por un problema de verdad y el enfado generado en torno a temas que hacen las veces de chivo expiatorio. Cuando el tema en discusión es genuino y sale del corazón, el enfado no quema, no asusta. Cuando proyectamos la rabia sobre otra persona u otro asunto auxiliar, escalda. Genera nuevos problemas en la relación que no tendrían que estar ahí si se hubieran comunicado los verdaderos sentimientos y problemas. Líos así pueden hacer que nos sintamos implicados con la persona con la que discutimos, pero esa implicación no es intimidad. Muchos de nosotros crecimos en familias donde las discusiones eran la única cosa que nos transmitían una conciencia de pertenencia a ese grupo. Si nos gritamos unos a otros, nos implicamos momentáneamente unos con otros, eso es seguro, pero apenas puede compararse con la pacífica conexión que existe en la verdadera intimidad.

Por lo tanto, ¿cómo funciona un límite en una relación íntima?

La historia de Laura

Me he despertado esta mañana e, incluso antes de estar consciente, me he dado cuenta de que Lee quería hacer el amor. Empezaba a sentirme presionada y ni siquiera había abierto los ojos todavía. Supongo que, al necesitar saber de pequeña si mi padrastro estaba en la habitación, aprendí a tener este radar incluso durante el sueño.

He empezado a sentirme enfadada. Lee sabía que yo tenía una importante reunión programada y que necesitaba mantenerme centrada en ella hasta que terminara. Notaba cómo empezaba a retraerme, mi arma favorita para manejar el enfado.

Entonces, de repente, he recordado que tenía límites. He visto mi propia imagen independiente de Lee. He pensado en lo que quería y necesitaba. Quería mantener mis energías mentales centradas en la reunión y, hasta entonces, necesitaba sentirme independiente. Necesitaba mantenerme dentro de mi propia conciencia.

He tenido un sentimiento desbordante. Un buen sentimiento. Un sentimiento de estar ahí, de ser yo misma. Mi viejo yo habría estado tan copado por las necesidades que tiene Lee de mí, que mi autoconciencia habría quedado eclipsada. He sentido mi nuevo yo de una forma cada vez más definida. He percibido quién soy. Me he dado cuenta de que podía satisfacer mi propia necesidad de mantenerme centrada en mi trabajo. Podía protegerme a mí misma. Mi enfado ha desaparecido. No he tenido ninguna necesidad de retraerme.

Lee puede desearme, pero yo no tengo por qué hacer nada al respecto. Ese deseo es un sentimiento que está dentro de otro ser humano independiente de mí. No es el sentimiento que yo tengo en este momento, y no tengo por qué tenerlo. No tengo por qué solucionarlo. Lee es quien debe controlar su deseo hacia mí. No es mi trabajo. Yo no tengo por qué enfadarme porque ese sentimiento exista ni intentar que desaparezca.

He mirado a Lee y he visto que éramos personas independientes, que esa persona es un ser humano completamente diferenciado, con sentimientos y opiniones que son únicas y que pueden funcionar sin ninguna interferencia. Yo no tengo derecho a controlar a ese otro ser humano. Soy una privilegiada al recibir la consideración de esa persona.

Cada vez que soy consciente de esto, también siento como mi amor se hace más profundo. Solía pensar que la intimidad consistía en estar pegado a la otra persona. Ahora siento lo contrario. Somos completamente independientes, así que nuestra unión es una tremenda bendición y un regalo.

Me sorprende la diferencia que marca esto a la hora de hacer el amor. Las caricias me hacen sentir realmente bien. No es como lo que sentía con los abrazos de Tim. Cuando Tim me abrazaba, notaba cómo esos espacios vacíos de mi alma obtenían sosiego. Lo anhelaba con ansia. Cuando Lee me abraza, resulta reconfortante; no lo percibo como una cuestión de vida o muerte, lo siento como algo mucho mejor. Gracias a que somos personas claramente independientes, nuestra unión resulta increíblemente enriquecedora. Tal vez no sepa explicarlo bien.

Cuando no tenemos límites

Laura nos ha mostrado cómo podemos pasar de reaccionar habitualmente a la defensiva por falta de límites a tener conciencia de estos. Si no tenemos límites, necesitamos suplirlos con actitudes defensivas como retraernos, controlar, desviar el tema en conflicto, crear reglas, intentar hacer que algo parezca la culpa del otro, recurrir al humor o al sexo, racionalizar, intelectualizar, insultar, buscar el perfeccionismo, pensar en términos de blanco o negro, amenazar, sacar otro tema, tener una actitud fría o dulce, mostrar una excesiva preocupación por el otro… Son todas formas socorridas de evitar los sentimientos y evitar la comunicación. La alternativa sana es expresar los verdaderos sentimientos.

A continuación mostramos un incidente en que se utilizaron defensas.

Jerry contra Ellen

–Te amo profundamente –dijo Jerry.
–Tengo que recoger a los críos –respondió Ellen.
Jerry salió de la habitación dando pisotones, fue al garaje y empezó a cambiarle el aceite a su coche. Cuan-

do Ellen se despidió de él, soltó un gruñido como respuesta.

    Ellen sintió la frialdad de su gruñido y se marchó en el coche, rabiosa con él y con el mundo. Siempre tenía que hacerlo todo ella. Tenía que recoger a los niños, limpiar la casa y cocinar la cena. Él siempre estaba trabajando en el maldito coche. Probablemente querría sexo por la noche. De ninguna manera le iba a interesar a ella eso. No se sentía lo más mínimamente cercana a él. Él no tenía ni la menor idea de lo que ella estaba pasando.

    Veamos de nuevo la misma situación, pero con límites.

Jerry y Ellen

–Te amo –dijo Jerry.
    –Tengo que recoger a los críos –dijo Ellen.
    –Espera un momento –dijo Jerry–, ¿Has oído lo que he dicho?
    –¿Has dicho algo?
    –Sí, he dicho que te amo. Quiero que lo oigas. Quiero que te pares un momento y sencillamente captes eso. Luego puedes ir a por los niños.
    Ella le miró.
    –Quiero hacerlo, pero me siento presionada. Tengo un millón de cosas que hacer antes de que llegue mamá.
    –Oye, no estás sola. Yo puedo ayudarte.
    –Tengo que recoger a los niños e ir a comprar y preparar la comida y meterla en el horno y limpiar la casa y trasplantar los tomates.

–No tiene por qué estar todo perfecto –dijo él–. Podemos comprar carne fría y ensalada en la tienda de comidas preparadas, decirles a los niños que nos ayuden a limpiar el salón, hacer lo de los tomates mañana y sentarnos en el porche bebiendo Perrier con lima, tocándonos los pies antes de que llegue tu madre. Yo puedo ir a la tienda mientras tú recoges a los niños.

Ella sonrió.

–Quiero elegir la comida yo.

Él rió.

–Yo recogeré a los niños y los echaré en el salón.

–Te quiero –dijo ella, viéndole realmente.

–Te quiero –dijo él, recibiéndolo–. No te olvides del Perrier y la lima.

No tiene que estar perfecto

¿Es algo así realmente posible en un mundo imperfecto? Los límites marcan la diferencia. En la segunda versión, Jerry y su amor estaban intactos, independientemente de la reacción de Ellen. La ocupada agenda de ella era algo al margen del sentimiento de amor. Jerry tenía claro lo que quería, otro de los aspectos de tener límites. Pudo comunicarle a Ellen que quería que ella atendiera a su mensaje y para ello no necesitó controlarla u obligarla a hacerlo. Permaneció intacto después de decir lo que quería, incluso aunque ella no podía darle lo que pedía.

Ellen pudo contactar consigo misma y ver que, aunque quería recibir el amor de Jerry, se sentía demasiado presionada como para estar abierta a él. Pudo contarle eso, poniéndole al corriente a él y a sí misma de la situación y sacando el problema a la luz.

La autoestima de Jerry permaneció intacta. Fue capaz de atender al sentimiento de estrés que tenía ella, atender a su problema, dejar que las necesidades de ella tuvieran prioridad sobre su deseo original de que le prestara un momento de atención, y ofrecer alternativas para resolver las cosas.

Ellen fue capaz de soltar la idea de que las cosas había que hacerlas de una sola manera. Fue capaz de compartir el trabajo con él. Su propio yo no quedó atrapado en tener que hacer todo el trabajo ella sola, cocinar una comida complicada y tener la casa perfecta para cuando llegara su madre. Así pues, sin presión, pudo abrirse a él, prestarle atención y sentir su amor por él. Tonificados por lo que no había sido más de un minuto de intimidad, ambos se pusieron en marcha para continuar con el día.

Así que, la intimidad es sencilla. Para dos personas completas con buenos límites que han solucionado sus problemas de infancia y que pueden comunicar sus verdaderos sentimientos y asuntos mientras permanecen intactos es pan comido. La intimidad crecerá con el tiempo y la dedicación.

¿Quieres algo así? Sigue leyendo.

Capítulo 10

ARREGLANDO EL MURO

CÓMO CONSTRUIR LÍMITES

Nunca es demasiado tarde para construir límites para uno mismo. No importa el tipo de lío que esté hecha tu vida, unos límites sanos harán que mejore. Haz las tres cosas siguientes y tus límites mejorarán con seguridad:

- Aumenta tu autoconciencia.
- Identifica las violaciones que sufriste en tu niñez y quiénes las realizaron; siéntelas y cura el daño.
- Examina el estado de tus límites en tus relaciones actuales y sanéalos.

Suena sencillo, ¿verdad? Lo es, pero no así de fácil. El resto de este capítulo consiste en ejercicios que pueden ayudarte con esos tres retos. Puedes trabajarlos en cualquier orden o los tres a la vez. Cuando ahondes en un aspecto de la construcción de límites, ayudará a los otros dos también. Por ejemplo, a medida que te vuelvas más consciente de ti mismo, muy probablemente percibirás cada vez más formas en que tus límites fueron violados en tu infancia. Cuando te cures de esas violaciones, tus límites internos crecerán y te verás creando límites en tus relaciones actuales.

Cuéntales a algunos amigos en los que confíes lo que estás haciendo y pídeles su apoyo. Pueden ayudarte escuchando tus nuevos descubrimientos, preocupándose por ti cuando te resulte duro y animándote cuando tomes un nuevo riesgo.

Aumenta tu autoconciencia

Construye tu autoconcepto. Construye tu conciencia de lo que eres tú y de lo que no es tú.

Ejercicio 10.1.

1. Coge una pequeña libreta y llévala contigo.
2. Durante una semana, investiga las formas en que eres diferente de la gente que te rodea.
3. Fíjate cada vez que tu opinión sea diferente de la de la persona con la que estés. Haz una breve anotación en tu libreta sobre tu opinión en ese momento. Fíjate en todas las veces que tus valores sean diferentes de los de la persona con la que estés. Anótalo. Fíjate cuando tus preferencias sean diferentes. Anota tus preferencias.
4. Al final de la semana, lee tu libreta.
5. Comenta este proceso con un amigo en el que confíes, uno que sepa escuchar. No lo comentes con un amigo que intente convencerte de su opinión.

Ejercicio 10.2.

1. Ve un programa de debate en televisión. Cuando estés de acuerdo con un comentario, dilo. Cuando estés en desacuerdo, cuéntale tu opinión a la televisión. Gesticula, sube tu tono de voz, deja que el presentador se entere bien de tus puntos de vista sobre el tema.
2. Comenta el proceso con un buen amigo.

Ejercicio 10.3.

1. En una fiesta o un acontecimiento en el que estés interactuando con un conocido, fíjate cuando discrepes con él.
2. Dile que no estás de acuerdo y luego expón tu propio punto de vista.
3. Cuando la interacción haya terminado, excúsate y ve a una habitación en la que puedas sentarte y recuperarte del estrés de la interacción.
4. Tan pronto como te sea posible, habla sobre tu experiencia con un amigo en quien confíes.

Ejercicio 10.4.

1. Discute con un amigo. Fíjate cuando tu punto de vista sea diferente y dilo.
2. Es bueno decirle lo difícil que te resulta discrepar con él o expresar los sentimientos que te ha provocado estar en desacuerdo con él:

«Me resulta difícil decir esto. Yo lo veo de una forma diferente a la tuya.»

«Me asusta decir esto. Estoy en desacuerdo contigo sobre eso.»

«Valoro tu opinión. La mía es diferente en este caso.»

3. Cuando la interacción se complete, coméntale a él o a otro amigo cómo te has sentido.

Ejercicio 10.5.

1. Durante 24 horas, presta atención a cómo reaccionas frente a tus necesidades. Si estás sediento, ¿consigues algo de beber inmediatamente, lo retrasas y te ocupas de otra cosa antes, o ignoras por completo esa necesidad? Si estás cansado, ¿descansas o te esfuerzas más? Si necesitas que alguien te escuche, ¿lo pides o suprimes tu necesidad? Si necesitas afecto, ¿lo pides? Si ignoras tus necesidades, ¿qué haces para compensar ese sutil maltrato? ¿Usas la comida, la bebida o las compras para consolar tu sentimiento de abandono?

   Presta atención tanto a tus necesidades físicas como emocionales. Cada vez que satisfagas una necesidad, ponte una estrella. Siempre que ignores o niegues una, ponte un punto negativo.

   Al final del periodo de 24 horas, suma las estrellas y resta los puntos negativos. ¿Cómo es el cociente de tu satisfacción de necesidades?

2. Durante las siguientes 24 horas, atiende a propósito lo más rápido posible cualquier necesidad física que

tengas. Por ejemplo, si estás cansado en el trabajo, busca la manera de darte un pequeño descanso. Date un paseo en el jardín, cierra la puerta y descansa la cabeza sobre la mesa o ve a la sala de empleados y túmbate durante cinco minutos.

Al final de las 24 horas, ¿qué sientes sobre ti mismo? ¿qué diferencia has notado al responder a tus necesidades?

3. Háblalo con un amigo en quien confíes.
4. Durante las siguientes 24 horas, satisface cada necesidad emocional tan rápida y completamente como te sea posible. Si necesitas que alguien te escuche, llama a un amigo y pídeselo. Si necesitas afecto, pídele un abrazo a un buen amigo. Si necesitas estar solo, ocúpate de ello. Si necesitas tener el sosiego que te proporciona la presencia de alguien que te quiere, consíguelo.

Al final de las 24 horas, fíjate en cómo te sientes sobre ti mismo.

¿Qué diferencia has notado al responder a tus necesidades emocionales?

5. Háblalo con un amigo en quien confíes o con un terapeuta.
6. Habla con tu amigo y tu terapeuta sobre lo que haría falta para que fueras capaz de seguir satisfaciendo un día tras otro tus necesidades físicas y emocionales. Repite los pasos 2 a 5, extendiendo el periodo de tiempo hasta una semana.
7. Háblale a tu amigo y a tu terapeuta sobre los pensamientos que te sobrevienen y que te impiden que puedas cuidarte de esa manera. Si estás siguiendo

una terapia, dedica algún tiempo a atender a esos bloqueos mentales. Si los eliminas, quedarás libre para ser bueno contigo mismo. A medida que te hagas mejor respondiendo a tus necesidades, puede que te des cuenta de dos cosas. En primer lugar, que responder a las necesidades es, a la larga, muy eficaz. Si descansas un poco la primera vez que te sientas cansado, no te hará falta descansar más tarde, cuando estés completamente agotado. En segundo lugar, que atender a las necesidades da una sensación de fortaleza y plenitud que desarrolla límites.

Identifica las violaciones sufridas durante la infancia

Averiguar las violaciones de límites que sufrimos en la infancia es un trabajo duro y delicado. Un terapeuta competente en el funcionamiento de los límites puede resultar de incalculable ayuda. Podrá guiarte a la hora de descubrir exactamente qué violaciones se cometieron y cómo te influye ese daño ahora. Un buen terapeuta podrá aportarte seguridad para que puedas experimentar toda la gama de sentimientos propios respecto a las violaciones que sufriste.

Cuando de pequeño te raspabas la rodilla, te sentías mucho mejor si alguien te ayudaba a levantarte, te limpiaba la suciedad y te decía unas palabras de sosiego. Las violaciones de límites también podremos sobrellevarlas mejor si alguien nos ayuda y nos limpia la suciedad y muestra interés por nosotros.

Curar el daño puede llevar tiempo. Si te pasaste diecisiete años en una familia disfuncional, puede que estuvieras expuesto a 20 violaciones de límites diarias. Eso hace un total de 123.100 violaciones de límites.

Aunque nos hayamos pasado las 24 horas del día a lo largo de treinta o cuarenta años sintiéndonos inseguros dentro de una familia disfuncional, sólo nos llevará una o dos horas de terapia a la semana durante seis o siete años curar el daño.

Puede que eso te parezca mucha terapia, pero lo que obtendrás a cambio será incalculable: una nueva vida, unas relaciones gratificantes y confianza en ti mismo.

Ejercicio 10.6.

1. Haz una lista con la gente que era importante para ti o que te parecían poderosos cuando eras niño. Por ejemplo, mamá, papá, el tío Fred, el hermano mayor Tom y la tía Winnie.
2. Haz una lista con las transgresiones o fronteras confusas que te transmitió cada persona. Incluye las violaciones de distancia, de intromisión, las emocionales y las físicas.

    Recuerda: el abandono de tu yo emocional es una violación. Incluye en tu lista la triangulación, la expectativa de que ayudaras con los problemas de los adultos y cualquier forma en que tuvieras que cuidar a mamá o a cualquier otro adulto más allá de lo que es apropiado para un niño.

3. Llévate esa lista a tu sesión de terapia, o resérvate unas horas en privado con un amigo en quien confíes. Déjate a ti mismo sentir la rabia y la tristeza por esas violaciones. Habla sobre las pérdidas que has sufrido como resultado.
   Permite que se te consuele por esas pérdidas.
4. Después de esta sesión, tómate el resto del día libre. Haz algo agradable y que te exija poco: da un paseo o una vuelta por el jardín, acurrúcate mientras bebes una infusión y escucha tu música favorita. Descansa. Lo has hecho muy bien.
5. A veces es necesario repetir este tipo de inventario. En ocasiones, la terapia se convierte en un continuo inventario de viejas y poderosas transgresiones. A medida que nos hacemos más fuertes, percibimos más cosas de nuestro pasado. Cada vez que reúnas la valentía de explorar, hablar, sentir y ser consolado, tu yo interior se verá reforzado y tus límites internos crecerán.

Sanea los límites que ahora tengas

Examina las relaciones que tengas con gente a tu cargo. Fíjate en tus interacciones con tus hijos, tus subordinados en el trabajo, tus clientes o cualquier otra persona a tu cargo. ¿Te estás comportando como un igual en todas y cada una de esas relaciones?

¿Buscas la amistad de tus hijos? ¿Buscas que tu hijo os cuide a vosotros, padres? Tu hijo no puede ser ni tu igual ni tu padre. Llega un momento en la vida en que se invierten los papeles de quién cuida a quién, en el que tus hijos tendrán que tomar decisiones difíciles sobre tu cuidado, pero, hasta que seas incapaz física o mentalmente de cuidarte a ti mismo, tus hijos deberían centrarse en atender sus necesidades, no las tuyas. Por supuesto, necesitas la amistad. Los amigos son las personas que pueden satisfacer esta necesidad.

¿Estás participando como un igual en actividades con clientes o subordinados? ¿Hablas de tus problemas personales con tus colaboradores o con tus clientes? ¿Vas a cenar a menudo con tus empleados? ¿Compartes muchas funciones sociales con los clientes? ¿Fomentas que tu personal te cuente confidencias?

Los actos de ese tipo ensucian los límites. Habla de tus preocupaciones con los amigos, con tus iguales, con un cura, en grupos de terapia o con el terapeuta. Deja que tus subordinados obtengan ayuda de esas mismas fuentes. Si un día eres un hombre en el que llorar para uno de los trabajadores que supervisas y, al día siguiente, debes corregirle, será difícil para los dos. La confianza y apertura especiales que crecen entre gente que comparte confidencias se ve destrozada por una interacción que le recuerda a todo el mundo que la empresa es lo primero.

Si acudes a un cliente con temas personales, probablemente él acuda cada vez menos a ti. Después de todo, él busca que lo ayudes o que le des un servicio. Estarías saboteando el propósito de la relación y, muy probablemente, perderías a esa persona como cliente.

Mucha gente comparte vida social con sus clientes. Es algo muy típico. Pero, entonces, ¿por qué se trata de un asunto de límites?

Linda Thorn, una pastora eclesiástica, y su marido, se relacionan con Joan y Art Miller, una pareja de su congregación. A menudo, van a cenar y juegan a las cartas. Las mujeres se hacen buenas amigas. Hacen juntas excursiones, comparten confidencias y se divierten mucho. Después, Art visita a Linda en su despacho de la iglesia. Le confiesa que ha estado viendo a otra mujer. Planea seguir viéndola. No está seguro de si decírselo a su mujer o no. Art ha acudido a Linda por la capacidad de ésta como consejera pastoral y espiritual. Pero la lealtad de Linda hacia su amiga Joan complica la situación.

Tú eres abogado. Esther Long te consulta sobre su testamento. Te nombra albacea. No puede permitirse abonarte los honorarios, así que te ofrece un trueque y pagarte haciendo de jardinera para ti. Tú accedes a que ella acondicione y mantenga a punto tu jardín como pago por prepararle su testamento y administrarle el patrimonio a su muerte. Ella no tiene mucho dinero en efectivo, pero tiene un capital colocado en un fondo de inversiones, que se distribuirá entre sus hijos durante los diez años posteriores a su muerte. Redactas el testamento.

Durante el verano, Esther demuestra que no se puede confiar en ella. No aparece cuando dice que lo hará. La hierba crece demasiado y hace que tu oficina parezca una birria. No arranca las malas hierbas por completo, así que los hierbajos sobresalen por entre las petunias y hay flores marchitas en los arbustos. Tu irritación hacia ella crece. Arranca una clemátide pensando que es una mala hierba, una clemátide que tu abuela plantó hace cincuenta años. Luego se le cae fertilizante en medio del jardín, lo que quema un círculo de césped de unos 2 metros de diámetro. Finalmente, decides decirle que ya no quieres ser su albacea pero, antes de que puedas hacerlo, ella muere. Te toca administrar su patrimonio durante diez años. La mancha quemada permanece en tu jardín durante cinco.

Imagínate que fueras el terapeuta de Esther en la misma situación y que hubieras tenido que mostrarte cálido y receptivo mientras ella causaba estragos en tu jardín. Imagínate que fueras amigo de Esther y la hubieras cogido para que cuidase tu jardín. ¿Qué le pasaría a la amistad?

Mezclar papeles de consejero o de supervisión con actividades paritarias conduce a menudo a este tipo de confusión de límites. Antes o después, pasa algo que exige un tipo de respuesta por parte del consejero o supervisor y otro por parte del amigo o el igual.

Así que, ¿qué haces si vives en un pueblo pequeño o en una isla? El número de gente disponible para tener amistades, clientes y empleados es limitado. Si no tienes más remedio que ensuciar los límites para satisfacer tus necesidades sociales y relacionales, ten en cuenta que, antes o después, surgirá un conflicto fronterizo. Puedes desafiar estas directrices, pero, al hacerlo, te expones a consecuencias que pueden dar como resultado un empleado resentido o perder a una persona como amigo y como cliente.

Examina tus relaciones con la gente que te quiere, representa o supervisa. ¿Buscas la amistad de tu supervisor, terapeuta, cura o abogado? Antes o después, los papeles entrarán en conflicto. Con un poco de suerte, tu terapeuta tendrá buenos límites y podrás hablar con él acerca de tu deseo de entablar una amistad con él. Un terapeuta que sepa de límites te ayudará a explorar los motivos que provocaron ese deseo y, a la vez, mantendrá un límite muy definido en la relación terapéutica.

¿Es tu jefe un buen amigo? Imagínate esto: como es tu amigo, le has contado lo importante que son para ti las próximas vacaciones. Tu matrimonio se tambalea y cuentas con esos días para pasarlos con tu marido y renovar la intimidad que habéis perdido. Sin embargo, dos días antes de las vacaciones, él te las cancela. Dice que le eres absolutamente necesaria en el trabajo. Algo crítico se avecina y eres la única persona que puede hacerlo. ¿Qué ocurre con vuestra amistad? ¿Qué pasa con tu lealtad hacia él como jefe?

¿Es vuestro abogado un buen amigo tuyo y de tu marido? ¿Qué pasaría si tu marido decide que quiere el divorcio y la custodia de los niños y tu abogado le representa?

¿Es tu médico un amigo cercano? ¿Qué ocurriría si piensa que definitivamente debes hacerte una mastectomía total y tú quieres una segunda opinión?

¿Te haces ya una idea de lo que ocurre? Cuando los papeles de consejero e igual se mezclan, las lealtades acaban divididas. La vida seguro que os plantea a ambos una situación engorrosa que debilitará las dos posiciones. Al final puede que pierdas tanto al abogado como al amigo.

Examina las relaciones con tus iguales. Las situaciones engorrosas pueden producirse por:

- Contratar a un amigo.
- Venderle un servicio o un artículo a un amigo.
- Comprarle un servicio o un artículo a un amigo.
- Tener una relación cercana con ambos miembros de un matrimonio. Si compartes confidencias con los dos, ¿podrás confiar en que uno no le cuente lo que le has dicho al otro? Si uno te contara una confidencia que hiciera daño al otro, ¿qué harías?

Cómo sanear los límites

Has examinado tus relaciones y ves que en ellas reina la confusión. Tienes completamente mezcladas las relaciones de amigo, asesor y protegido. No sabías que era mejor no mezclar. Eres una buena persona.

1. En cada caso en que se mezclen los papeles, decide cuál es más valioso para ti.
2. Háblale a tu amigo de tu descubrimiento y cuéntale qué cambio te gustaría.
3. Si él ha oído hablar de los límites, lo entenderá enseguida. Si los límites le son algo ajeno, puede que necesite leer este libro. Dale algo de tiempo para que se ponga al día contigo y para decirte lo que quiere.
4. Negocia tu nueva relación. Ambos sacaréis un mayor beneficio si los dos expresáis vuestros sentimientos y os escucháis el uno al otro.

Por ejemplo, si tu abogada, Sally, es tu mejor amiga, ¿qué prefieres? Si necesitas a Sally más como abogada que como amiga, explícaselo. Explícale que has leído un libro que te ha mostrado los riesgos inherentes a mezclar los papeles. Quieres a Sally, pero la necesitas más como abogada. Querrías hacer tu relación más profesional.

Puede que se sienta herida o rechazada. Puede que te responda intentando negociar. Ella preferiría ser tu amiga más que tu abogada. Conoce a un par de abogados que son muy buenos. ¿Qué tal si la sustituyeras a ella y mantuviérais la amistad?

Decide lo que realmente quieres. Dilo. Hace falta honestidad y valentía para resolver los asuntos referentes a las relaciones. Si Sally es una persona bien constituida y honesta, puedes llegar a un punto en el que ambas os sintáis bien acerca de la evolución de la relación.

¿Qué pasa si tu jefe o tu supervisor es el que no para de promover actividades sociales? ¿Qué pasa si tu jefe te invita a que le confíes tus temas personales?

Explícale que te has dado cuenta de que no es bueno para ti mezclar la vida personal con el trabajo. Podría interferir con tu eficacia como empleado. Para evitarlo, has decidido participar sólo en actividades que estén directamente relacionadas con tu trabajo. El picnic de la empresa está bien. Ir a comer con un cliente está bien. Pero has decidido guardarte la información personal para ti y relacionarte con tu jefe sólo desde una vertiente profesional. Si tu jefe es sano y sintoniza, lo entenderá. Si no lo es, ése no es tu problema.

Y ¿qué pasa si temes que su insalubridad amenace tu puesto de trabajo? Coméntalo con un terapeuta. Él podrá ayudarte a discernir la realidad de la situación. Un supervisor poco saludable puede causar reacciones originariamente provocadas por unos padres insanos. Un terapeuta puede ayudarte a aclarar tus ideas sobre lo que debes hacer para sentirte seguro y sobre qué asuntos del pasado están infundiéndote tus temores.

Disfunción en la empresa. Es un hecho de la vida que algunos jefes son muy insanos y abusan de su poder, a veces sin saberlo, para que queden satisfechas sus necesidades. La insalubridad del jefe se manifiesta después en la empresa misma. Me sorprende que no haya más empresas conscientes del efecto piramidal de su fracaso en la elección de directores sanos. Un jefe alcohólico, codependiente o compulsivo que no se trate puede tener un efecto perjudicial en los subordinados que nunca llega a ver. Por la misma razón, un supervisor que sigue terapia puede elevar a todo su departamento.

Si la enfermedad es endémica en tu empresa, puedes intentar desarrollar una base sana con tus compañeros y promocionar una relación sana con tu supervisor. A medida que tú te vuelvas más sano, puede que la gente de tu entorno empiece también a relacionarse contigo de formas más sanas sin saber por qué. Con buenos límites es posible evitar que a uno le afecte hasta cierto punto la confusión circundante. Puedes ser una isla de calma en medio de la vorágine.

Sin embargo, a veces necesitarás cambiar de trabajo o de departamento. Pero, entonces, sabrás qué buscar:

un supervisor sano en una empresa donde la comunicación sea bienvenida, se respete la terapia y se respeten los límites.

Sanear los límites con los padres y los hijos. Si has estado cuidando de tus padres, puedes dimitir (a no ser que realmente sean incapaces de cuidar de sí mismos, aunque, incluso así, se le puede asignar a otra persona su cuidado). Enfréntate a ellos. Si no lo entienden, ocúpate de cuidarte a ti mismo.

Tú conoces mejor que yo los medios que utilizan tus padres para mantener las cosas como están. Unos padres responden honestamente al enfrentamiento; otros están dispuestos a acompañar a sus hijos a terapia para arreglar la relación, y otros tienen que experimentar primero su negativa a continuar con las viejas costumbres para darse cuenta de que van en serio. Tristemente, algunos padres tienen tanto miedo o están tan dañados por sus adicciones o vidas disfuncionales que han perdido la capacidad de honestidad. La obra *El mal y la mentira*, de M. Scott Peck, describe las consecuencias de las elecciones contrarias a la salud y la franqueza.

Haz lo que te haga sentir cómodo. Si tus padres no quieren o no pueden entenderlo, tu terapeuta podrá ayudarte a decidir cuál es el siguiente mejor paso que puedes dar. Cuando nos negamos a facilitar las prácticas insanas, nos volvemos bastante poderosos. La terapia, Codependientes Anónimos y Alcohólicos Anónimos, pueden ayudarte a descubrir de qué forma has consentido tú el comportamiento insano de tus padres y cómo dejar de hacerlo. Negarte a facilitar viejas prácticas puede tener resultados sorprendentemente rápidos.

Si tus padres no son capaces de dar el paso hacia la relación que tu quieres tener con ellos, te llevará tiempo recuperarte de esta pérdida. En realidad es como una muerte, la muerte de tu esperanza de tener una familia. A veces tenemos que encontrar una familia entre aquellos que no son de nuestra sangre.

Puede que tus padres todavía estén violando tus límites (al hacerte preguntas inapropiadas, aparecer en tu casa sin avisar, triangular con tu pareja, cónyuge o niños). Tienes el mismo derecho a marcar los mismos límites con unos padres indiscretos o desconsiderados que los que has marcado con un amigo o un extraño.

Puedes negarte a contestar a una pregunta. Puedes insistir en que tus padres vengan sólo a tu casa cuando los invites y negarte a dejarlos pasar si no los has invitado. Puedes hacerle frente a tu cónyuge y a tu padre sobre el tema de la triangulación.

Si eres padre y has estado apoyándote en tus hijos, apóyate en otra persona. Encuentra un terapeuta con el que puedas contar. Pídele que te enseñe a ser un buen padre.

Si tus hijos han sufrido mucho daño, puede que hayan dejado de intentar esforzarse por ti. Aproxímate a ellos con tu ferviente deseo de compensar tus errores, para que así podáis construir una nueva relación sana. Puede que os aguarden algunas duras sesiones de terapia para curar las heridas del pasado.

La historia de Tina

Durante años, yo mantuve a la familia unida. Mi madre era muy dependiente de mí y yo me sentía responsable de cualquier cosa que ocurriera entre nosotras. Me aseguraba de que tuviéramos una relación. Cuando me fui de casa (era la primera vez que salía del nido), no protestó, pero entonces vi cómo empezaba a alejarse de la relación. No llamaba a no ser que estuviera triste y necesitara llorar. Siempre que iba a casa, competía con mis amigas por mi tiempo. No importaba el tiempo que yo reservara para ella, nunca era suficiente. Tenía todo tipo de formas de manipularme para hacerme escogerla a ella antes que a mis amigas.

Mi madre me utilizaba como su principal apoyo. Siempre que yo comentaba algo que me preocupaba, ella, al cabo de unos minutos, daba la vuelta a la conversación para llevarla a uno de sus temas. Hace años, un novio me traicionó, pero yo ya sabía que era mejor no decírselo. Hacía tiempo que había dejado de intentarlo. Pero ella no se daba cuenta. Aun así, no dejaba de decirme todo el rato: «Nunca me cuentas qué tal te va».

La última vez que dijo eso (yo había estado en terapia durante unos cuantos años por aquel entonces y había perdido mi habilidad para esconder las cosas), sin planearlo, las palabras salieron de mi boca. Dije: «Cuando intento contarte algo le das la vuelta para que trate sobre ti. Empiezo necesitando ayuda y acabo ayudándote. Me marcho sintiéndome más vacía que al principio».

«Yo no hago eso», dijo ella.

No dije nada. Al cabo de un rato dijo: «¿Me darías otra oportunidad?».

Me quedé sentada allí sin decir nada durante unos cinco minutos. Luego dije: «Estoy realmente preocupada por Bob. No estoy segura de poder confiar en él. Desde que estoy aquí, lleva yendo a ese sitio al que sólo va si anda buscando una mujer».

Entonces mi madre dijo (no podía creerlo): «¿Y cómo crees que me siento yo? Tu padre solía engañarme todo el tiempo». Y se puso a llorar.

Le dije: «Acabas de hacerlo».

Paró de llorar. «¡Tienes razón!» Estaba horrorizada. Finalmente se dio cuenta de lo que estaba haciendo.

Más tarde le dije que yo no iba a enseñarle más cómo comunicarse con los demás ni me iba a preocupar de seguir en contacto con ella. Intentó chantajearme de varias formas, pero ni siquiera me vi tentada a caer en una sola de ellas. Me dijo: «Si tú no me enseñas a comunicarme, ¿quién lo hará?»

Le dije: «Hay mucha gente que estaría encantada de enseñarte, pero yo ya no voy a ser más una de ellas».

«¿Qué tipo de gente?»

«Terapeutas, gente que imparte cursos. Si buscas, encontrarás a alguien.» Todavía intentaba crearme sensación de culpabilidad, pero no caí en ello. Me sentía muy fuerte y clara por dentro. No tenía la piedra que solía tener en el estómago después de pasar unos minutos con ella.

Me fui de la ciudad y, a los cuatro días, ella estaba en terapia. Al cabo de los seis meses seguía un tratamiento.

Luego vino a visitarme y pasamos cinco extenuantes horas juntas en terapia.

Ahora tenemos una relación fantástica. Siento mucho respeto hacia ella. Se ha hecho fuerte. Se ha hecho cargo de su vida. Tiene mejores amistades. Estoy muy sorprendida con ella.

La historia de Wilma

Soy la madre de Tina. Cuando mi hija se enfrentó a mí, no tenía ni idea de qué hablaba. Yo no me daba cuenta de que me apoyaba tanto en ella. No me daba cuenta de que le estaba dejando llevar todo el peso de nuestra relación.

Cuando fui a terapia por primera vez no sabía qué esperar. No sabía qué decir. Es como si tuviera una venda sobre los ojos. Había tantas cosas sobre la vida que yo no conocía. No sabía nada de los límites. No me daba cuenta de que Tina había sido maltratada por su padre.

Nunca se me había ocurrido que mi increíble necesidad me hacía abandonarla. Yo estaba en casa, pero ella creció por su cuenta. Eso era muy duro oírlo para mí. Puedes imaginártelo, la cosa más dura que he hecho jamás. Pero veía que perdería a mi hija si no aprendía a escucharla y ahora he llegado a un punto en el que puedo escuchar cualquier cosa que ella tenga que decir. Mi terapeuta me ha enseñado a ser madre. Sesenta y cinco años y aprendiendo cómo ser madre. Ahora, cuando llamo a mi hija, le pregunto qué hace y cómo se siente. La escucho sin interrumpirla y espero hasta que haya terminado por completo antes de hablar de mí misma. Entonces le cuento cosas sólo por afán de compartirlas con ella, no para que se haga cargo de mí.

La semana pasada le pregunté a Tina sobre su trabajo y me dijo: «Mamá, realmente le estás cogiendo el tranquillo a esto. ¡Es estupendo!».

La primera vez no quería entrar en el despacho de mi terapeuta (en mi época eso quería decir que estabas loco o enfermo; no le llevábamos nuestros problemas a extraños), pero, si no lo hubiera hecho, si Tina no hubiera tenido el valor de ser la primera en hacerlo, tal vez habría perdido a mi hija. Puede que me hubiera pasado el resto de mi vida preguntándome: «¿Dónde está la hija que una vez fue mi tesoro?».

Capítulo 11

BUENOS VALLADOS

LOS BUENOS VALLADOS PRODUCEN RELACIONES SANAS

Te deseo la mejor suerte construyendo buenos límites. Este proceso requiere una atención y un mantenimiento continuos. Algún día, tal vez la mayoría de nosotros comprendamos los límites y seamos sensibles a las interacciones que los violan. Pero hasta ese tiempo feliz, incluso la gente con buenas intenciones seguirá metiéndose en territorios personales ajenos.

Los buenos límites nos permiten definirnos a nosotros mismos. Fomentan nuestra salud física y emocional y promueven la recuperación. Los buenos límites producen relaciones sanas.

La verdadera intimidad es posible sólo entre dos personas enteras y diferenciadas que tengan ambas buenos límites. La dependencia se percibe como intimidad, pero no lo es. ¿Cómo puedes tener intimidad con una persona que se mezcla en ti? La intimidad crece a medida que el otro te va conociendo igual que tú vas conociéndole a él. Si la individualidad de la otra persona cambia y desaparece, ¿cómo podrás llegar a conocerla?

Si tienes una conciencia temblorosa de ti mismo, ¿cómo podrán conocerte los demás?

A medida que tus límites se definan, recogerás riquezas. Si sabes lo que quieres, podrás conseguirlo. Si te conoces a ti mismo, podrás implicarte en lo que es importante para ti. Los amigos que respeten tus límites serán las amistades que se fortalecerán. La verdadera intimidad con una persona especial se volverá posible.

El poeta llevaba razón. Los buenos vallados sí hacen buenos vecinos.

Índice

1. El muro entremedias 9
2. Límites visibles e invisibles 27
3. El contexto 51
4. Tus límites físicos 91
5. Tus límites emocionales 113
6. Límites variados 137
7. La violación de límites 155
8. Dos cartas a unas personas especiales 177
9. La intimidad 181
10. Arreglando el muro 215
11. Buenos vallados 237